POUR UNE RÉVOLUTION DÉLICIEUSE

Olivier Roellinger
avec la collaboration d'Isabelle Saporta

Pour une révolution délicieuse

Fayard

Couverture : Le Petit Atelier
ISBN : 978-2-213-71198-0
Dépôt légal : septembre 2019

Pour Ulysse, mon premier petit-fils,
et tous les enfants
afin qu'ils puissent connaître
le plaisir de « bien manger ».

Révolution délicieuse

Les deux mots, l'un à la suite de l'autre, appartiennent à Alice Waters.

Cette femme américaine passionnée par la cuisine française est l'ambassadrice du mouvement *Slow Food* en Amérique du Nord. Elle fut la conseillère de Michelle Obama et milite pour une meilleure alimentation dans les écoles et les universités.

Nous partageons avec Alice beaucoup de valeurs. Elle m'a autorisé et m'a encouragé à reprendre cet oxymore ayant déjà le goût si prononcé de la France.

Au crépuscule de ma vie professionnelle, alors que mes enfants Hugo et Mathilde ont repris les commandes des Maisons de Bricourt et d'Épices Roellinger, créées avec ma femme Jane, j'ai souhaité exprimer mes constats, mes réflexions, mes craintes et mes espoirs en écrivant ce livre avec l'aide précieuse d'Isabelle Saporta.

Je souhaite vous faire partager ma volonté d'agir et souvent de réagir pour que nos enfants puissent déguster la vie, en toute liberté.

Manifeste
pour une révolution délicieuse

Levons-nous pour une révolution délicieuse.

Armons-nous de notre bon sens et retrouvons notre liberté. Menons ensemble un soulèvement alimentaire pacifiste et joyeux. Pour le bien de tous, le nôtre et celui de la planète.

Comme vous, j'ai longtemps regardé ailleurs. Ou plutôt, j'étais pris dans mes combats quotidiens de cuisinier restaurateur : satisfaire nos clients, motiver une équipe, travailler avec les meilleurs producteurs, et attendre chaque sortie des guides pour décrocher une toque ou une étoile supplémentaire.

Un jour, cependant, j'ai pris conscience que j'étais dans une tour d'ivoire et que mon rôle dans la cité devait s'élargir. La situation alimentaire m'est apparue trop grave pour que je laisse notre nourriture aux mains des industriels.

Je ne pouvais plus assister sans rien faire à la privatisation du vivant par l'agrobusiness.

Je ne voulais plus me contenter de sauvegarder quelques producteurs pour satisfaire les hôtes des Maisons de Bricourt.

Je me devais d'agir.

En effet, pour manger sainement aujourd'hui, il faut être parfois hors la loi ou presque, les semences sont encadrées et la majorité censurée.

Le lait cru est devenu *persona non grata*.

Tout ce qui faisait la vie et sa saveur est en passe d'être contrôlé par quelques-uns, ou éradiqué purement et simplement : 75 % des semences dans le monde ont été détruites depuis 1970.

Quant à la fracture alimentaire, comme la fracture culturelle, elle ne cesse de se creuser.

La Terre est malade sous l'action des intrants de la pétrochimie.

Un tiers des terres arables de la planète sont menacées de disparaître.

40 % des aliments produits ne sont pas consommés.

Les océans sont dévastés par la pollution, par l'augmentation de la température des eaux mais surtout par la pêche industrielle, destructrice du garde-manger marin. Des tonnes de poissons sont aussi remplacées par des tonnes de plastique.

Le climat aussi souffre de notre façon de produire notre nourriture. 30 % des émissions de gaz à effet de serre sont dus à l'alimentation : agriculture, élevage industriel, intrants, transformation, stockage, transport…

L'air, l'eau, le climat et la terre sont menacés. Nous réalisons pour la première fois que nous ne pouvons plus continuer à vivre et travailler de la même manière.

Mais plus grave, la santé des populations est déjà directement affectée par ces méthodes intensives qui détruisent les équilibres du vivant.

Les intolérances et allergies alimentaires, les maladies auto-immunes, les troubles endocriniens, les cancers et maladies cardio-vasculaires sont précédés par une pandémie d'obésité progressant scandaleusement.

Ce constat accablant, je ne peux m'y résoudre.

J'aimerais contribuer à sortir ce trésor de l'humanité qu'est la nourriture des griffes des industriels et du repli sur soi.

La nourriture est à la fois notre première médecine préventive, notre héritage et notre culture.

Elle est à la fois le socle d'une communauté, une histoire passée, un présent mais elle permet également d'entrevoir notre avenir.

La nourriture est une affaire d'État, elle est directement liée à l'agriculture, la pêche, la nature et la culture.

Si les hommes politiques ne veulent pas se battre pour défendre le bien manger, le bien manger pour tous et non comme un privilège réservé à quelques-uns, nous devons agir au quotidien, individuellement et collectivement, pour reprendre notre destin en main.

Au départ il y a la VIE, comme une exception dans l'univers et non une règle.

Pour prolonger cette vie, nous devons respirer, mais quel air ? Nous devons nous hydrater, mais de quelle eau ? Et enfin nous devons nous nourrir, mais de quels aliments ?

Cuisinier à Cancale depuis plus de trente-cinq ans, au milieu des cultivateurs, éleveurs et pêcheurs locaux, également souvent avec les petits producteurs d'épices dans le monde, j'ai pu constater le réveil alimentaire des consciences. Il va nous falloir nous battre pour libérer les semences du *diktat* de quelques industriels. Planter ces graines chez soi et dans les écoles de France. Acheter nos produits dans les AMAP, les marchés, les petits commerces et privilégier les circuits courts plutôt que de consommer aveuglément dans les grandes surfaces.

Cela ne nous coûtera pas plus cher et cela fera vivre des paysans installés localement. Nos cours d'eau s'assainiront et nos villages reprendront vie.

Un cercle vertueux de bon sens doit se mettre en place. Nos achats feront nos emplois, notre paysage et notre santé.

Mais de puissants lobbies veulent que rien n'évolue ou si peu en « verdissant » leur système et nous devons le faire vaciller avec nos moyens : notre portefeuille, nos casseroles et nos fourchettes.

Nous voulons sauvegarder notre assiette, notre santé, notre environnement et surtout notre plaisir de bien manger.

Sauver la nourriture au quotidien et pour tous, c'est aussi se battre pour une certaine idée de notre société.

Apprenons ensemble. Partageons nos expériences. Dispensons des leçons de choses.

Connaître les aliments, c'est apprendre l'histoire, la biologie, les sciences naturelles et la géographie et surtout l'ouverture au monde. Tous ceux qui font basculer la gastronomie dans une défense un peu rance et passéiste d'un terroir identitaire, replié sur lui-même, ont tort.

Suivre la route des aliments, c'est savoir que le cassoulet, plat français par excellence, n'existerait pas sans le haricot, si exotique, d'Amérique du Sud.

Le combat pour la nourriture, c'est celui de notre jeunesse : pour un avenir métissé, joyeux et ouvert prenant en compte les enjeux de la transition écologique nécessaire à notre survie.

1

Reprenons notre liberté

Je vais vous raconter une anecdote qui en dit long sur l'état des forces en présence même au sein du cercle de la haute gastronomie française.

La finale du Bocuse d'Or France, ce concours de cuisine de renommée internationale, se déroulait à la Mutualité à Paris et, ce même jour, un certain nombre de chefs qui y officiaient étaient reçus à l'Élysée sous la houlette d'un leader mondial de l'événementiel.

On m'avait demandé de faire partie du jury, ce que j'avais accepté avec plaisir.

Arrivé sur place, on me tend une toque et une veste de cuisine que je devais revêtir avant de monter sur scène. Mais sur cette toque et cette veste, qu'y avait-il écrit en gros ?

La marque M… de la première grande surface pour restauration. Le premier grossiste des professionnels. Le vendeur de nourriture en majorité toute prête, en sachets ou en poudre.

On demandait donc aux chefs les plus étoilés d'enfiler un uniforme aux couleurs d'un grossiste de la nourriture « prête à servir » pour mettre à l'honneur la gastronomie française.

Je me suis senti piégé en devenant le porte-étendard de ce grossiste international.

Je pus aisément refuser de porter la toque M…, prétextant que je n'en portais jamais.

Pour la veste, juste avant de monter sur scène, j'ai eu la présence d'esprit de demander à la personne qui m'accompagnait de me trouver une serviette avec laquelle je fis un garrot autour du bras afin de masquer le nom et logo bleu de cette marque.

Les hauts responsables de celle-ci étaient dans la salle avec le public et n'appréciaient pas du tout mon geste.

Les grands patrons n'ont manifestement pas l'habitude qu'on leur résiste.

Alors que je commençais à goûter les plats des candidats avec l'ensemble du jury, ils ont missionné une personne de la technique qui est montée sur scène pour me chuchoter à l'oreille que les responsables de cette marque étaient très mécontents et que je devais retirer cette serviette autour du bras afin que la marque soit visible.

J'ai refusé. Et j'ai prévenu : « Écoutez, si vous souhaitez que je quitte le jury, cela ne me pose aucun problème. Je vais me lever et partir, mais auparavant, je vais expliquer au public qui est venu assister à cette belle cérémonie le pourquoi de mon geste. »

Et j'ajoute : « Je n'ai de contrat, ni avec le Bocuse d'Or, ni avec la marque M..., je suis libre. »

« Mais, monsieur Roellinger, me lâche l'homme mandaté par la marque, comprenez, ce sont nos plus gros partenaires financiers. »

Tout était dit.

Je faisais alors le constat que ce grossiste en restaurants qui vend certes quelques produits de qualité pour la vitrine mais une grande majorité de produits pré-préparés et standardisés, redorait son blason en s'appropriant l'image de la grande cuisine française.

En finançant les meilleurs sommeliers, les plus grands chefs, puis en les instrumentalisant, nous portons leur tête de gondole.

J'invite tous les chefs et tous les sommeliers à leur résister. C'est le message que je veux faire passer à mes collègues : Ne tombez pas dans leur piège. Ne vous laissez pas priver de votre première liberté, celle de choisir votre produit dans le garde-manger de la planète.

Comment peut-on, nous, les professionnels, laisser à une centrale d'achat le soin de faire notre marché ?

Et pour la fin de cette petite histoire, les chefs membres du jury du concours ont quitté le Bocuse d'Or avec leur veste M... et l'ont portée pour assister au déjeuner à l'Élysée autour du président de la République !

Et le pain servi lors de ce déjeuner était celui d'un grand industriel de la boulangerie et viennoiserie.

Les boulangers et les boulangères de Paris ne doivent sans doute pas en proposer d'une qualité suffisante.

Vous comprendrez pourquoi, quand j'ai vu cette marque M... investir ce symbole de la grande cuisine, j'ai décidé de réagir : « Vous, les plus grands cuisiniers, les experts, les hommes de goût et de talent, vous allez confier à une centrale d'achat votre première liberté ? le choix de votre produit ? »

Notre savoir-faire à nous, hommes et femmes de bouche, est de savoir transformer un produit brut ; préparer, assaisonner, mariner, cuire, braiser, rôtir, pocher et rissoler. Et quel plaisir de le faire.

Mais aussi quelle liberté que de choisir chacun de nos ingrédients ! Quel premier devoir !

Ce jour-là, pourtant, je vois mes confrères, des personnes de qualité, accepter d'entrer sous les ors de la République, à l'Élysée, en servant de porte-étendard à l'industrie alimentaire. J'étais en colère.

« Mais demandez-leur au moins de l'argent ! Dix mille, cinquante mille euros que vous donnerez à des associations contre la faim et les sans-abri. Cessez d'être naïfs et de vous faire avoir ! Et d'être des marionnettes publicitaires gratuites ! »

J'ai alors pris conscience que nous, les cuisiniers du monde, nous pourrions mettre notre notoriété au service de cette grande cause : retrouver notre liberté de manger.

Ces marchands de produits souvent médiocres, au mieux standardisés, ont déjà gagné trop de terrain. Ne nous ont-ils pas déjà piégés individuellement en nous transformant de « mangeurs » d'un territoire que nous étions depuis la nuit des temps, en « consommateurs » que nous sommes devenus ?

Insidieusement, et prétendument pour notre bien, pour nous simplifier la vie, pour être dans le progrès, pour nous faire gagner du temps, ces gens-là nous ont privés de notre libre arbitre.

Retenons ce chiffre : 85 % de l'alimentation en France est achetée en grande surface. Qui contrôle ce qui garnit les rayons ? Quatre centrales d'achat. Qu'est-ce qu'une centrale d'achat alimentaire ? Environ une dizaine de personnes qui choisissent ce que nous, citoyens, allons « consommer ». Autant dire qu'en France aujourd'hui, il y a une quarantaine de personnes sur le territoire qui décident de l'alimentation de la très grande majorité des habitants de ce pays.

Et le comble de cette mainmise sur notre nourriture, c'est que dans ces supermarchés qui ne sont alimentés que par ces quatre centrales d'achat, 70 % des produits alimentaires appartiennent à moins de vingt marques.

La réalité est inacceptable. Seule une petite poignée de cadors décide de ce que nous mangeons.

Situation insupportable aussi parce que ces choix ont entraîné des désastres écologiques. Des milliers d'hectares de terres arables ont été asphyxiés. Nos nappes phréatiques, nos ruisseaux et nos rivières, l'air que nous respirons, la mer et nos plages sont dans un état catastrophique. Or ces enjeux environnementaux sont éminemment politiques. L'enjeu culturel est également essentiel. Nous devons faire face à l'uniformisation et à la standardisation. Pourtant, nous mangeons la même chose : que ce soit dans les *fast-foods*, dans les brasseries et même dans les grands restaurants.

Comme aux quatre coins du monde, à Sydney, à Tokyo ou à Londres, nous retrouvons le même mobilier dans tous les hôtels de même catégorie, avec les mêmes lampes et les mêmes savonnettes.

Ainsi nous retrouvons au petit déjeuner, sur les fameux buffets, les mêmes produits de deux multinationales. Ces lieux sont devenus des feuilles de nénuphars qui flottent et dérivent sur un océan de globalisation mais totalement décrochés de leur territoire.

Au nom de la demande d'une pseudo-clientèle internationale, la standardisation est devenue l'expression de ce chaos des temps modernes. Aussi, je veux combattre avec vous pour que nous retrouvions l'harmonie, la cohérence et la logique du vivant sur chaque territoire chargé d'une histoire singulière.

Enjeux économiques et sociaux donc, environnementaux, culturels et enfin, le plus crucial, la question de notre santé. Il est temps que nous nous dressions contre parfois ces productions d'aliments qui, à petit feu, nous empoisonnent.

Que nous leur disions haut et fort que nous ne voulons plus de leur nourriture chargée de nanoparticules.

Que nous ne voulons plus de leurs cocktails de résidus de pesticides, d'herbicides et de fongicides. Nous, cuisiniers de renom, nous devons porter ces combats avant qu'il ne soit trop tard. Si nous ne le faisons pas, qui le fera ? Si ceux qui sont reconnus comme faisant la meilleure cuisine du monde se taisent, alors n'attendons pas de celui qui travaille sous pression dans une cuisine collective pour une maison de retraite, un hôpital ou une école qu'il le fasse. Nous, grands chefs, serons coupables de nous être tus.

Loin de moi l'idée de donner des leçons. Bien longtemps, moi aussi, je me suis « contenté » de courir après les étoiles. Je me mettais la pression, non pas tant pour les décrocher d'ailleurs, que parce que je considérais que je devais terminer moi-même toutes les assiettes qui étaient servies dans mon restaurant. Je devais être là, toujours, fidèle au poste. Je ne m'absentais jamais ou presque. Je ne quittais jamais ma cuisine. Je déjeunais et dînais avec mes équipes, je n'étais jamais à la maison.

J'en ai raté des fêtes de famille, des communions. Je passais à côté de tellement de choses. Je m'en aperçois maintenant. Mais je ne regrette rien. Ce sacerdoce, je le vivais avec une excitation sans pareille. Je considérais que quelqu'un qui avait cassé sa tirelire, fait cinq cents kilomètres, qui poussait la porte de la maison dans laquelle je suis né et j'ai grandi, pour s'asseoir à ma table, cette personne qui rentrait chez nous, je devais lui faire la cuisine. La nourrir. Je ne pouvais pas faire autrement. Les gens étaient venus pour m'écouter, écouter ma musique et personne d'autre ne pouvait la jouer.

Quand je vois comment mon fils Hugo joue collectif avec son équipage, je me rends compte que j'ai eu tort de jouer ainsi.

Je n'allais jamais en salle. Ma place était devant mes casseroles. Je considérais que je n'étais pas un interprète de chansonnettes et je ne voyais pas l'intérêt de montrer ma frimousse. Seul comptait le goût de ce que je venais de faire. Quand je considérais que mon plat n'était pas à la hauteur de ce que j'espérais, j'allais chercher du réconfort auprès d'un vieux copain, mon vieux chêne vert au fond du jardin. Mon vieil ami. Il m'a vu grandir. Et, déjà quand j'avais quatre ans, c'était auprès de lui que j'allais pleurer.

J'ai donc, moi aussi, joué très « perso ».

Moi aussi, j'ai été très égoïste.

Que ma femme, mes enfants et mes compagnons de route me pardonnent.

Mais j'ai eu la chance de connaître une rupture de vie. Deux en l'occurrence. De passer tout près de la mort, à l'âge de vingt ans, puis, trente ans plus tard, d'être rattrapé par la maladie. Les épreuves, j'ai pu les surmonter grâce à ma femme Jane, grâce à mes enfants Mathilde et Hugo, mais aussi grâce à mon équipage des Maisons de Bricourt. Ces épreuves se sont révélées être des chances.

Les fées de la baie du Mont-Saint-Michel ont dû se pencher sur moi et décider que j'avais encore des choses à apporter.

Ces difficultés m'ont ouvert au monde. Ce regard, cet intérêt pour les autres, cette sensibilité exacerbée, je les dois à ces accidents de la vie. Ils m'ont permis de faire, en pleine force de l'âge, ce que d'autres font à la fin de leur vie professionnelle : transmettre.

Mais je reste pleinement conscient de ne pas détenir la vérité, et je suis dans le doute en permanence, comme tous les apprentis de la vie que nous sommes. Ce chemin que je parcours chaque jour qui passe, je voudrais le faire avec vous.

2

Tu mangeras bon

Pardonnez-moi de m'adresser peut-être directement à mes collègues et amis.

Mais force est de constater que nous, les chefs de renom, sommes trop souvent encore dans notre tour d'ivoire. Et trop souvent encore, nous nous contentons des deux grands frissons annuels que sont la sortie du guide jaune *Gault et Millau* et celle du guide rouge *Michelin*. Les jeunes chefs sont plus en attente des *50 Best* et parfois de figurer à *Top Chef*, où personne d'ailleurs n'évoque l'origine et la qualité des produits. Nos vies tournent autour de ces rythmes qui nous ont été imposés ou que nous nous sommes à nous-mêmes imposés.

Va-t-on décrocher une toque ou une étoile de plus, remonter dans la liste anglaise des pseudo-meilleurs cuisiniers du monde ? Ou, à notre plus grand désarroi, perdre ou descendre ?

Loin de moi l'idée de parler avec mépris de cette course folle aux étoiles. Je l'ai moi-même vécue avec passion pendant plus de trente-cinq ans.

Bien entendu, cette expérience est incroyablement exaltante. Comment nier l'excitation qui est la nôtre à faire face à ces challenges qui nous aspirent dans leur tourbillon ? Pourtant. Avec le recul que m'ont donné les accidents de la vie, j'ai constaté combien ces défis que nous nous lancions à nous-mêmes étaient réducteurs.

J'ai compris à quel point ils nous rendaient aveugles et sourds à l'essentiel : l'alimentation de tous. Et en particulier des siens, de sa propre famille, de ses amis, des personnes qui vivent autour de nous et des générations à venir. Aussi est-il temps pour nous de cesser de nous défausser. Notre responsabilité de cuisiniers est primordiale. Et par cuisiniers, il n'est pas question de ne désigner que les chefs étoilés, mais au contraire de mettre à l'honneur toutes celles et tous ceux qui, à un moment donné, font un « simple » jambon-coquillettes à la maison et qui, de ce fait, ont la responsabilité colossale de nourrir, prolonger la vie de l'autre.

Je me souviens de cette interview qu'un jour j'avais donnée sur les ondes d'une radio nationale. L'émission touchait à sa fin, il ne devait rester que quelques minutes. La journaliste me posa alors cette question qui me désarçonna : « Olivier Roellinger, vous êtes considéré comme un chef atypique de la gastronomie française, aussi pouvez-vous répondre à cette interrogation simple : Qu'est-ce que le bon ? » Un instant, j'ai été pris d'un extrême embarras. Je ne savais plus quelle compétence convoquer. Devais-je me ressaisir de mes connaissances philosophiques acquises en terminale ?

Les idées se bousculaient dans mon esprit et j'étais incapable de sortir le moindre mot. Et la radio a horreur des blancs. Soudain, je me remémorai clairement ce village extrêmement pauvre dans le nord du Gujarat où de jeunes enfants jouaient dans la ruelle. Et surtout je revoyais comme si elle se tenait à nouveau devant moi cette jeune mère sortie d'une hutte de terre, avec grâce. Elle courait après son petit garçon qui commençait à peine à marcher. Elle tenait entre ses doigts une bouchée de quelques grains de riz à peine colorés d'épices. Nul besoin d'interprète pour comprendre ce qu'elle disait : « Mange ça, mon petit, c'est bon pour toi. »

Cette jeune maman donnait le meilleur à l'être le plus cher avant tout pour prolonger cette vie qu'elle avait donnée.

Avec ce dont elle disposait, presque rien, avec ce qu'elle savait, probablement peu, mais avec son instinct, elle offrait le BON.

Le riz n'aurait pas été assez cuit, la saveur aurait été trop amère, trop acide, l'enfant l'aurait alors recraché et il n'aurait pas été nourri.

Si le Bon doit l'être au niveau des papilles, il doit avant tout être sain pour le corps, lui-même habitat de notre âme.

Depuis ce jour, j'ai pris l'habitude de poser cette question simple à nos apprentis ou stagiaires : « Est-ce que tu fais bon ? » Immanquablement ils me répondent : « Qu'est-ce que ça signifie, "faire bon" ? » Et invariablement, je leur réponds : « Cette salade de tomates ou ces carottes-vinaigrette que tu viens de préparer, serais-tu fier de les servir à ta mère ? Si c'est oui, alors, et alors seulement, tu fais de la grande cuisine. »

Il est crucial de redonner de la valeur à l'intention, de prendre conscience de notre responsabilité de « nourrisseurs ». Et quelle responsabilité ! C'est dans cette conscience, et dans cette conscience seule, que l'on est digne d'être nourrisseur. Seules les personnes ayant ce degré de conscience devraient être agréées pour nourrir les autres.

Peut-être pensez-vous que mon niveau d'exigence est un peu fou. Pourtant je le revendique. Tant je suis persuadé que l'on ne peut pas dissocier le bon, le sain et le soin. Durant la fièvre des Trente Glorieuses, cuisiner et donc nourrir est devenu une tâche subalterne. Acheter en grande surface, des produits de plus en plus préparés, triturés et packagés, faisait alors partie intégrante de la notion de progrès.

Mais comment voulez-vous que les industriels dont le premier moteur est le profit puissent avoir le début de cette valeur de l'intention, cette conscience d'une mère, d'une grand-mère, d'une tante ou même d'un cuisinier à bord d'un navire ?

Nous avons tous pu constater comment l'industrie agroalimentaire est devenue la mère nourricière de la grande majorité de la population. Mais pas pour la même finalité.

Durant des siècles, les humains étaient des mangeurs de leur territoire. Ils naissaient dans un lieu, y grandissaient, s'y épanouissaient, y fondaient leur famille et finissaient par y mourir. Ils se nourrissaient de la nature, vivant en communion avec elle, en l'apprivoisant pour qu'elle soit généreuse. Leur nourriture variait au fil des saisons et le génie humain permit d'imaginer de multiples façons de cultiver, élever, pêcher en développant des techniques diverses pour conserver et sublimer les produits.

En fonction, du climat, de l'altitude, des habitudes, des croyances, des hasards, des rencontres et des influences, les hommes ont inventé les arts culinaires dans le monde.

C'est en vertu de ce désir du bon, du sain, du local et du respectueux en toute saison qu'ils ont créé les moyens de survivre, puis une identité culinaire d'une communauté en quête du plaisir de tout simplement manger.

Pourtant, ils ne disposaient que de connaissances sommaires. Mais ces connaissances leur ont permis de savoir conserver le bon. Ils se sont également imposé des règles d'hygiène alimentaire. Règles souvent empiriques, qui relevaient du bon sens. Mais comme le bon sens n'a jamais suffi à arrêter l'homme, comme la raison n'a jamais valu dissuasion, comme l'évocation du danger n'a jamais été suffisante pour en éloigner les hommes, il a fallu parfois aller jusqu'à camoufler ce bon sens en interdits religieux. Convoquer la religion pour s'assurer du respect de l'interdit afin de ne pas mettre en danger la communauté et l'intérêt général.

C'est ainsi que dans les pays chauds, la consommation du cochon a été interdite. En se rappelant qu'à l'époque les cochons étaient le tout-à-l'égout et que leur consommation était d'autant plus risquée que la température locale était élevée.

Quant à la « sacralisation » des vaches indiennes, elle a pour premier but de les protéger pour pallier leur trop faible effectif. Mieux valait les préserver pour boire du lait que de les sacrifier pour un trop éphémère festin de viande. Derrière Shiva Allah ou Yahvé, c'est toujours le même bon sens qui se cache.

Puis, une fois résolues ces questions d'interdits, ces questions vitales, la culture a pu s'épanouir. C'est ainsi que sont nées les cuisines du monde, écrites le plus souvent par les femmes.

La question du plaisir a pu prendre de l'ampleur. Il n'était plus uniquement question de s'alimenter sainement afin de rester en bonne santé mais également d'en éprouver du plaisir.

En fonction des communautés, ce plaisir fut plus ou moins accepté ; pour les chrétiens, la gourmandise est toujours sur la liste des péchés. Plus que n'importe quel autre être vivant, l'homme dresse le plaisir au cœur de ses préoccupations. S'il n'était question que de se sustenter et non de s'alimenter, alors nous mangerions peut-être à quatre pattes, à même le sol, dans une auge, seuls.

C'est d'ailleurs la première chose que font les régimes dictatoriaux lorsqu'ils veulent retirer leur humanité à leurs opposants : ils leur retirent leurs couverts, leurs assiettes pour les faire manger comme des bêtes et les réduire à une animalité que nous avons bien heureusement transcendée.

Les tyrans savent bien que manger attablé, dans une commensalité heureuse, signe, plus encore que le rire, le propre de l'homme.

Rire et bien se nourrir. Le programme d'une vie.

3

Tu cuisineras

Cuisinier – bien sûr.

Une nuit, alors que j'écrivais cet ouvrage, je me suis réveillé avec l'extrême conviction qu'il fallait dédier l'un des premiers chapitres au plaisir et plus, à la nécessité, à l'urgence de cuisiner. Cela peut sembler anodin, et pourtant, c'est vital. Cuisiner est probablement la première action positive que l'on puisse mener au quotidien pour se réconcilier avec soi-même. Pour le plaisir des siens. Pour unir sa communauté. Pour préserver la nature. Et pour son porte-monnaie. Quand nous lisons la composition de ces plats préparés dont essaient de nous gaver les industriels. Quand nous constatons que certains vont jusqu'à nous vendre du

« minerai », qui désigne cet amalgame d'os grattés, de tendons et de ligaments, pour de la viande.

Ces méthodes frisent le vol et j'ai honte pour eux. Faites le calcul un jour de ce que vous coûtent les résidus de mauvaises viandes qui se trouvent dans ces plats, dans les raviolis ou les lasagnes. Vous constaterez qu'ils sont hors de prix.

Comparez les prix entre une carotte râpée achetée toute prête et une carotte qu'il faudra juste éplucher et râper. Comparez le prix d'une soupe industrielle le plus souvent enrichie de compléments E, multiples, texturants et colorants à celui de deux poireaux, une pomme de terre et une carotte.

Pourquoi s'en remettre à eux ? Qu'y a-t-il de plus beau au monde que de préparer un potage pour ceux que l'on aime ? de choisir ses légumes ? de les éplucher ? de les faire rissoler ? de les mouiller d'eau ? de les laisser mijoter ?

Le goût de cette soupe faite par nos soins est incomparable.

Sa qualité nutritionnelle l'est aussi.

Et son prix est imbattable.

J'aurais pu également comparer le prix des nuggets de poulet pour quatre et celui d'un poulet Label rouge. Les nuggets c'est un seul repas bien peu équilibré, avec votre poulet vous ferez un joli poulet rôti. Avec les restes de viande vous préparerez un hachis Parmentier ou vous les sauterez avec du riz, enfin avec la carcasse vous ferez un délicieux bouillon enrichi de vermicelles.

Ne nous laissons pas déposséder de ce plaisir de « faire » au prétexte que nous n'aurions plus le temps. Au contraire, prenons le temps de déguster les bonnes choses de la vie et de les préparer avec amour. Car nous avons le temps. J'entends trop souvent que nous n'avons plus de temps, surtout pour cuisiner. Cela est faux. Ou plutôt certains réussissent à se convaincre qu'ils ont d'autres priorités. Bien entendu, certains d'entre nous travaillent la nuit, ont des métiers harassants et ils sont trop nombreux, mais ils ne composent pas la majorité de la population. Aussi voudrais-je que nous nous interrogions lorsque nous nous plaignons sans cesse de manquer de temps. Que faisons-nous de notre temps ?

Nous sommes happés par la télévision et de plus en plus par notre ordinateur portable ou au contraire nous consacrons ce temps pour être bien avec notre corps, nous faisons du jogging, du yoga, voire de la méditation. Mais comme le dit si bien l'écrivaine indienne Vandana Shiva : « *Less running, less yogi, less meditation, more gardening and more cooking.* »

Prendre du temps pour cuisiner, c'est avant tout prendre du temps pour soi.

C'est surtout le plus bel acte qui soit que d'offrir du temps pour ceux que l'on aime. Leur offrir ce temps nécessaire afin de prendre soin d'eux.

Loin de moi l'idée de remettre les femmes aux fourneaux. Pourquoi serait-ce toujours la même personne, pourquoi ne pas attribuer à chacun des jours dans la semaine ?

Cuisiner n'est pas une corvée mais un privilège pour celui qui le fait.

Il faut considérer le fait de cuisiner comme un jeu.

Un jeu d'amour.

Cuisiner, c'est du temps d'amour.

Du temps gagné pour être heureux.

Mais surtout, c'est du temps gagné pour notre santé et notre portefeuille.

Je souhaite sensibiliser, toucher, informer et convaincre ceux qui ne sont pas encore convaincus de l'importance de bien manger.

Ceux qui pensent que cela coûte trop cher de bien se nourrir. Je souhaite les amener à l'idée simple de cuisiner, à l'idée de prendre soin d'eux-mêmes, de ceux qu'ils aiment. Je souhaite les amener à l'idée de reprendre leur liberté, leur souveraineté alimentaire individuelle.

Se nourrir est ingérer des produits extérieurs qui feront ce que nous serons. Cette prise de conscience que s'alimenter est un acte essentiel, un premier rapport direct avec le monde extérieur et soi-même, cette prise de conscience se diffuse sur l'ensemble de la planète.

Se remettre à cuisiner, c'est aussi faire des économies. Acheter tout fait (et souvent mal fait), c'est toujours plus cher que de faire soi-même.

Cependant il existe une véritable fracture alimentaire qu'il ne faut pas nier, mais il est regrettable qu'une partie de la population, qui aurait les moyens de bien acheter, se nourrisse mal. Ces personnes n'ont pas encore pris conscience de la fragilité de la vie et qu'elles font partie d'un grand tout du vivant.

Certaines d'entre elles veulent tout ignorer des suites d'une mauvaise alimentation, un peu comme le fumeur ou l'alcoolique.

D'autres ont une croyance presque fanatique dans la science, elles pensent pouvoir manger n'importe quoi puisque la médecine peut soigner toutes les maladies engendrées par une mauvaise alimentation. La science pourra combattre le mauvais cholestérol. Peu importe le nombre de burgers gonflés au Coca ingurgités.

Je ne crois pas que l'on puisse réduire la fracture alimentaire à une simple question de pouvoir d'achat. Cette fracture existe, elle est même majeure mais elle n'explique pas tout. Elle n'explique pas le fossé qui s'est creusé entre certains de nos concitoyens et une alimentation saine.

La vraie fracture est avant tout culturelle. Certaines personnes n'osent pas entrer dans une bibliothèque et affirment : « La littérature, ce n'est pas pour nous. » D'autres n'osent plus se tourner vers la cuisine et les bons produits en invoquant le manque de temps. Mais dans les deux cas, c'est la même raison : le désir de reconnaissance et la peur de perdre face. Il existe une solution pour redonner le goût aux générations futures, pour les aider à trouver leur voie et retrouver le temps à accorder à tout ce qui fait la richesse de la vie. Cette solution simple, ce sont les leçons de choses.

Il nous faut réapprendre à avoir l'envie de faire des choses simples : les carottes râpées, un potage de légumes, expliquer aux enfants comment composer un menu, comment l'équilibrer, mais aussi et surtout comment s'amuser et se régaler.

Expliquer la nourriture, dès le plus jeune âge, c'est aussi expliquer le vivant. Et le vivant est passionnant, tellement plus magique qu'un jeu vidéo.

Prenez une simple graine de lentille. Posez-la sur un coton humide. Et assistez à sa métamorphose. Cette graine peut avoir un, dix ans, un siècle, il suffit de la remettre dans des conditions optimales pour qu'elle germe.

Un peu d'eau, un peu de soleil, et elle pousse.

La magie de la vie.

Et de la simple petite herbe qui deviendra plante, en passant par l'arbrisseau qui deviendra chêne, nous redécouvrons la nature. Nous redécouvrons qu'elle est une aventure extraordinaire avec laquelle nous devons nous reconnecter. Avec laquelle nous devons réapprendre à vivre. Nous devons nous rappeler que nous appartenons nous-mêmes à cette grande dame Nature qui nous permet de nous nourrir.

Encore faut-il la connaître, l'apprécier et la cuisiner pour vivre nous-mêmes. Enfin, méditons cet exemple offert par la nature : dans chaque groupe de mammifères, celui qui nourrit détient le pouvoir.

À bon entendeur.

Tous aux fourneaux !

4

Tu apprendras le sain à l'école et le jeu

« *I have a dream* », comme disent les Américains. J'aimerais qu'à l'image du grand programme que John Fitzgerald Kennedy avait lancé pour l'éducation physique et sportive, déjà dans les années soixante, face à la pandémie d'obésité dans la jeunesse américaine, nous fassions de même pour l'éducation au goût.

Kennedy pressentait que le sport était une composante indispensable au mental de ses concitoyens et à leur santé. Il était persuadé que les jeunes devaient y prendre goût dès leur premier âge. Il était donc nécessaire de former des professeurs. En méditant cet exemple américain et après de grands échanges avec Alice

Waters, une chose m'est apparue comme une évidence. Si un président américain avait pu former des professeurs d'éducation physique dans des écoles privées US, pourquoi nous, Français, serions-nous incapables de faire de même pour la nourriture ? Pour ces mêmes raisons, face à l'obésité galopante chez les jeunes, le pays de l'excellence culinaire devrait rendre obligatoire l'éducation alimentaire à l'école depuis la maternelle.

On y apprendrait le vivant. On planterait des potagers. On expliquerait ce qu'est une viande, un œuf, du lait, un yaourt. Cela nous permettrait d'appréhender la géographie de notre pays et des différents pays du monde. D'expliquer les sciences naturelles par le prisme du vivant. Et bien évidemment l'histoire.

La grande histoire, celle des rencontres des différentes cultures, portée par les aventures migratoires mais celle aussi de l'aventure maritime.

Cette belle histoire des hommes permettrait également d'appréhender autrement les religions et leurs interdits alimentaires.

Pourquoi ce copain mange halal et celui-là kasher ? Pourquoi en Corse nous ne mangeons pas la même chose qu'en Alsace ?

D'où vient le foie gras ? Et pourquoi c'est une tradition juive ? Enfin, d'abord égyptienne.

Vers 2500 avant Jésus-Christ, les Égyptiens ont été les premiers à gaver des palmipèdes. La pratique s'est répandue autour du bassin méditerranéen sous l'influence des Romains. Puis après la chute de l'Empire romain, la tradition du foie gras s'est perpétuée en Europe centrale grâce à la diaspora juive. Pourquoi ? Parce que les juifs avaient besoin de matière grasse. Sauf qu'ils ne pouvaient pas se servir de beurre pour cuisiner puisque la viande ne doit en aucun cas entrer en contact avec les produits laitiers. L'utilisation du saindoux (graisse de porc) est forcément interdite, elle aussi. Quant à l'huile d'olive, elle est rare. Les juifs d'Europe centrale prennent alors l'habitude de cuisiner avec de la graisse d'oie.

C'est ainsi que l'élevage et les techniques d'engraissement des oies se développent et se répandent partout où vivent des communautés juives, comme c'est le cas en Alsace.

Nous venons d'évoquer le foie gras, mais imaginez la richesse des leçons de choses. Tout ce que nous y apprendrions de notre culture. Tout cela en s'amusant et en offrant des outils à notre jeunesse pour manger bien. Des connaissances qui leur permettront de s'ériger contre l'empoisonnement généralisé que nous pouvons subir.

Un savoir pour se réapproprier leur histoire, leurs terroirs et leur avenir.

Comme l'exprime si bien mon ami Michel Guérard, il faut apprendre aux enfants à manger comme nous leur apprenons à marcher, à lire et à écrire.

Nous ne pouvons pas continuer ainsi à fermer les yeux. Nous devons aider notre jeunesse à ouvrir bien grands les siens. Il y va de son futur, de la préservation de sa santé et de celle de la planète.

Paradoxalement, je ne suis pas inquiet pour nos jeunes. Un très grand nombre d'entre eux savent déjà tout ça. Ou tout au moins, ils en ont l'intuition.

La question que je me pose c'est : Quand les politiques auront-ils le courage de mettre fin à cette spirale infernale, à ces dérives, où les gens s'abîment, parfois s'empoisonnent à petit feu et empoisonnent la planète en s'alimentant ?

Quand vont-ils se mobiliser pour que l'agro-écologie et le bon sens deviennent la norme ?

Quand vont-ils enfin se battre pour défendre les écosystèmes vertueux ? pour respecter la nourriture conçue et façonnée dans un territoire donné ? Bien manger, cela devrait être la priorité tous les jours dans tous les lieux de vie, de la cantine aux universités, en passant par les entreprises, les hôpitaux, les prisons et les EHPAD.

Souvent beaucoup disent : « On ne peut rien faire. » Nous devons leur répondre : « Si, nous pouvons faire quelque chose, il suffit de le vouloir. » Même si à mon époque, la nourriture y était encore plus médiocre qu'aujourd'hui, je n'arrive pas à me satisfaire que, dans les cantines, on ne mette pas plus d'un euro cinquante pour nourrir les enfants. Comment se fait-il qu'on puisse très souvent trouver de l'argent dans les communes pour multiplier les ronds-points et autres aménagements urbains pour favoriser l'implantation des supermarchés en périphérie ? Et qu'on n'arrive pas à trouver le budget suffisant pour nourrir correctement six millions d'enfants chaque jour ?

Chaque fois qu'un maire se bat pour sa cantine, pour bien nourrir les enfants de sa commune, il est tellement apprécié qu'il pourrait être élu à vie.

Et pourtant, combien sont-ils à prendre ce risque ? Seule une poignée s'érige contre le système et est capable d'envoyer aux orties toutes ces délégations de service public. Ou au moins de reprendre l'ensemble des mesures pour comprendre le contenu de chaque assiette de la fourche à la fourchette.

Mais ces mêmes responsables retrouvent également la confiance d'équipes qui nourrissent au quotidien les enfants et les personnes âgées.

Ils refusent cette nourriture médiocre concoctée dans les mêmes usines et dispatchée aux quatre coins de France. Cette même nourriture prétendument zéro défaut, calibrée, hygiéniste mais surtout pas bonne.

La délégation de service public, c'est trop souvent le faux-nez pour dire qu'une fois encore, nous avons abandonné aux industriels la nourriture de nos enfants.

Quel mépris par rapport à ce geste essentiel qu'est celui de nourrir.

La nourriture a été fonctionnalisée. Nous avons perdu la dimension intellectuelle, culturelle et sociale. Nous l'avons totalement déconnectée de la nature.

Dès le plus jeune âge, nous déconnectons les enfants pour en faire des êtres hors sol.

Exemple : certains parents d'élèves considèrent qu'une pomme bio locale servie au dessert n'est pas un dessert et ils peuvent réclamer une compote de pommes industrielle dans une barquette en plastique comme étant un vrai dessert.

Nous avons conscience qu'il faut faire du sport pour prendre soin de soi mais absolument pas qu'il est crucial de bien manger. Comme si se nourrir était secondaire.

Pourtant bien manger, manger intelligemment, devrait être l'une de nos préoccupations principales.

Le bien manger pour les enfants devrait être un droit et non un privilège réservé à quelques-uns.

5

Tu éprouveras du plaisir

Au commencement était le plaisir.

J'aimerais que nous puissions tous renouer avec ce plaisir. Le plaisir des sens guide les pas de chaque communauté vers ce que nous appelons les arts de vivre.

Le plaisir de la table fait appel aux cinq sens, l'odorat, la vue, l'ouïe, le toucher et le goût. Mais ce plaisir est rarement solitaire et s'amplifie dans le partage et la convivialité.

La prise de repas dans certaines familles se fait trop souvent, chacun dans son coin avec une TV, un ordinateur ou une tablette. Pourtant ce moment d'échange et de communion en mangeant est essentiel à l'équilibre d'un couple, d'une famille, d'un groupe.

Le plaisir de manger n'est pas de se goinfrer mais au contraire d'être attentif, sensible et curieux de ce que nous ingérons.

Comme le rappelle Michel Onfray, Pline le Jeune privilégiait le manger sain, avec des filières courtes, il revendiquait déjà la notion de sobriété heureuse où on expérimente, dans une logique épicurienne, le plaisir de ne pas tomber malade et de ne pas souffrir. Pour manger sain, nous avons besoin de données que nous fournissent les nutritionnistes ; pourtant la nourriture ne peut être définie qu'aux seules règles de la diététique.

Étant de formation scientifique, loin de moi l'idée de vouloir rejeter la connaissance, nous devons nous en nourrir afin de pouvoir évoluer.

Cependant, on n'aborde pas la nourriture en blouse blanche. Ces mines de savants doctes et scrutateurs qui dissèquent chaque aliment, chaque acide aminé, ou chaque type de protéine nous coupent très souvent l'appétit.

Leur présentation de la nourriture de manière trop souvent punitive transformerait le plus gourmand d'entre nous en ascète. Avant de scruter nos assiettes et connaître les chaînes moléculaires de chaque aliment, il faut commencer par goûter la vie. Jouir des plaisirs que nous offre cette planète. S'ouvrir à ceux que l'on n'imagine même pas encore, et qui sont absolument infinis.

Le plaisir de porter à ses lèvres une bouchée, la respirer, la humer, de l'avoir en bouche, de mâcher, de l'avaler, de déglutir. Le plaisir de la rétro-olfaction.

Cette fragrance qui vous revient en bouche, parfois dix minutes après avoir avalé notre dernière bouchée. Cette sensation est presque imperceptible pour celui qui n'éveille pas ses sens mais pour la personne avertie, la plénitude l'envahit, elle se rapproche de l'aponie.

Avis aux barbants et aux tristes mines : le plaisir est essentiel.

Mais il est urgent de se le réapproprier. De l'extraire des pseudo-plaisirs de l'industrie agroalimentaire à laquelle nous avons trop souvent laissé carte blanche à grand renfort de publicité pour qu'elle nous procure un plaisir formaté et vulgaire. Un plaisir fabriqué, un plaisir qui nous trompe. Un plaisir qui met en danger notre santé. Un plaisir de graisse, de sel, de sucre, de texturants, de colorants et d'arômes de synthèse.

Un plaisir formaté et modeux qui, peu à peu, nous tue.

Un plaisir facile contre lequel il faut s'élever, résister, pour redécouvrir la véracité des goûts. Pour goûter ces plaisirs, il est plus facile d'avoir été initié enfant mais à tout âge nous pouvons l'atteindre en étant à l'écoute de nous-mêmes et en accordant une importance à ce que nous ingérons dans un lieu donné, à une saison donnée.

Redevenir vivant en se nourrissant de la terre et de la mer.

Parfois le goût délicieux va se cacher derrière une vague d'acidité ou l'ombre de l'amertume. Le plaisir, le vrai ne se révèle que dans l'apprentissage permanent, parfois même dans une première difficulté surmontée.

Mais nous pouvons affirmer que le plaisir de manger est hors d'atteinte si cette nourriture peut nous empoisonner, si cette nourriture a été produite en exploitant des hommes ou des femmes, si cette nourriture a été obtenue en détériorant ou en saccageant la nature et l'environnement. Le vrai plaisir fait appel à la conscience et au cœur de chacun.

6

Tu t'ouvriras au monde

La vie est une exception dans le cosmos. Et cette formidable exception est d'une grande fragilité. Aussi est-il important d'en prendre connaissance afin de pouvoir cultiver sa propre vie. De s'ouvrir à elle et en particulier aux autres. Quand j'avais dix-huit ans, je faisais du moto-touring, j'écrivais quelques articles pour un journal spécialisé et rêvais d'*Easy Rider*. J'avais surtout trouvé ce biais pour m'évader et découvrir le monde. Ma mère devait être rongée d'inquiétude, je lui sais gré de ne jamais m'en avoir fait grief.

Lors d'un périple en Europe de l'Est alors sous régime communiste, j'ai découvert des saveurs jusqu'ici inconnues.

Réservant notre argent pour le carburant de nos deux-roues et pour leurs réparations nombreuses, nous dépensions très peu pour la nourriture et, je l'avoue, avions emporté dans nos sacoches plusieurs tubes d'un lait concentré bien connu à l'époque.

Au milieu du voyage en Roumanie, notre stock épuisé, nous nous sommes alors nourris de yaourt et de produits locaux que nous achetions sur de petits marchés de village.

J'en garde des souvenirs éblouis, des odeurs, des saveurs et des goûts.

Je venais de glisser le pied dans la porte d'un autre monde, celui de l'Orient : parfums de fragrances d'eau de rose, fleur d'oranger, cardamome, origan, herbes et épices jusqu'alors inconnues.

Un ailleurs qui s'offrait à moi pour la première fois et qui me faisait découvrir un autre monde de sensualité, de plaisir, de goût. Car le « bon » c'est ce qui est sain, authentique mais aussi ce qui est métissé.

La cuisine de chaque contrée du monde n'a pu évoluer et devenir chaque fois meilleure que lorsqu'elle se métissait.

L'histoire de l'humanité n'est que métissage. Cependant, ce n'est jamais par ce biais que nous l'apprenons, mais par celui des conquêtes et des guerres.

Il y aurait pourtant un moyen simple de la rendre plus attrayante, cette histoire. Imaginez que, demain, nous apprenions à nos enfants les fabuleuses routes des piments, des poivres, de la morue, du sel, des haricots, de la tomate, de la fraise, du chocolat et des vanilles.

Autant de routes qui forgent et racontent à la fois notre géographie et notre histoire.

Que seraient nos desserts sans la saveur vanille qui jusqu'en 1850 ne se trouvait que dans une forêt primaire du Mexique ?

Suivons ensemble les pérégrinations de ceux qui sont devenus nos produits de base : la pomme de terre, le haricot, le maïs. Ces trois produits arrivent d'Amérique du Sud. La tomate, les courges et les fraises également. L'aubergine, quant à elle, vient des Indes. Imaginons un instant notre panier de légumes sans ces apports ?

Dans chaque endroit du monde, la cuisine raconte l'histoire de la biodiversité végétale et animale d'un territoire. Elle évoque les différentes manières d'élever des animaux, de transformer le lait, de saler et fumer une viande pour la conserver, de cultiver et sécher un légume ou une graine, voire le faire fermenter.

Cette immense activité quotidienne des hommes qui transforment les produits de la nature pour vivre est le véritable patrimoine culinaire immatériel de l'humanité.

La question n'est surtout pas de savoir quelle est la meilleure cuisine du monde, mais de reconnaître la diversité de ces cuisines et la diversité de leurs rapports au monde.

L'image de la cuisine devient fébrile quand elle est chauvine et quand certains tentent d'établir des classements.

La cuisine n'est ni un match de football, ni une chansonnette, encore moins une corrida. Les cuisines du monde peuvent être en résonance avec les musiques et la poésie.

Préserver et sauvegarder la singularité de chaque petit bout de territoire est essentiel. Ces identités culinaires ont été ciselées par l'environnement naturel, le savoir empirique et le bon sens des hommes, ou plus souvent des femmes, ainsi que par l'histoire des influences extérieures.

Pourtant le terme « terroir » ne devrait jamais signer l'enfermement ou un quelconque repli sur soi au nom de prétendues valeurs qui, souvent, faut-il le rappeler, sont troubles. C'est d'ailleurs pour cela que, parfois, le discours des locavores me dérange dans son intransigeance. Leur combat est noble et je le partage en presque tout point. Comment ne pas dénoncer la sottise de la consommation de cerises chiliennes en plein hiver quand on habite en France ?

Mais je ne voudrais pas qu'au nom de cette défense radicale du local nous en venions un jour à dire : seuls les produits de chez moi sont bons.

Cette défense par trop chauvine me gêne car elle fleure le parfum nauséabond du nationalisme. L'enfermement commence là où le jugement commence. Le jour où vous émettez cette simple phrase : « À côté ce n'est pas aussi bien », alors, ce jour-là, vous mettez la première pierre pour ériger des frontières culinaires entre les uns et les autres. Et quelles richesses nous perdrions. Une cuisine locale vraiment locale serait une cuisine sans sel ni poivre, parce qu'ils ne viennent pas de chez nous ?

Si l'intention du locavore est totalement louable, ses excès frisent le ridicule, quand ils ne sont pas récupérés par des esprits identitaires. Le repli sur soi peut être inquiétant et je vais vous raconter une petite histoire de cuisiniers qui en dit long sur les angoisses de notre société.

À nos débuts, avec ma femme Jane, l'utilisation que je faisais des épices a secoué le Landerneau de la cuisine. Comment, dans un petit port breton, avoir l'outrecuidance de faire de la cuisine avec des épices ? Certains ont été jusqu'à m'accuser de polluer la cuisine française par des pratiques quasi blasphématoires. Comme si la cuisine française était en danger. Que les épices, tels des chars à nos frontières, représentaient un péril mortel. Mais que me reprochait-on au fond ? Quel était le soubassement idéologique dissimulé derrière cet anathème ? À leurs yeux, aux yeux de certains grands chefs qui représentaient si vaillamment la France éternelle, j'étais un renégat qui osait « polluer » des poissons et des agneaux français avec des épices « étrangères ». N'en déplaise à ces défenseurs d'un terroir rance, la prétendue pollution par le poivre a frappé toutes les cuisines du monde. Et la vanille aussi.

La question n'est donc pas de craindre une quelconque pollution culinaire mais de comprendre la nécessité de l'usage de ces épices depuis des siècles dans toutes les cuisines.

Pourquoi ces dernières étaient-elles déjà nécessaires dans la cuisine égyptienne, durant toute l'Antiquité et le Moyen Âge ?

Nous savons que le sel, le chlorure de sodium, est indispensable dans l'alimentation, mais seulement depuis vingt ans que la pipérine, la capsaïcine, la curcumine jouent elles aussi un rôle majeur pour une bonne alimentation.

Pourtant, nous les avons consommées largement bien avant d'avoir ces connaissances sur leurs bienfaits.

Alors pourquoi ? Pourquoi avons-nous toujours voulu ajouter dans notre cuisine des éléments que la nature ne nous offrait pas dans nos propres contrées ? Une dimension mystérieuse, inconnue, un peu magique et émouvante les accompagne.

Durant des siècles, nous ne savions pas réellement d'où ces épices venaient, ni comment elles poussaient, et d'ailleurs poussaient-elles ?

Et pourtant, ces poudres, graines, écorces et racines bizarres et intrigantes, nous les avons introduites dans nos cuisines pour les ingérer.

Quel étonnant paradoxe ?

Quel incroyable courage de nos prédécesseurs ?

Ou quelle étonnante nécessité instructive ?

Pour expliquer ce phénomène, chacun avance une piste différente. La première explication est que l'homme a eu assez tôt l'audace de croire qu'il pourrait peut-être exister quelque chose après la mort. À la perte de l'être cher, du parent, du conjoint ou pire de l'enfant, il ne peut imaginer qu'il puisse disparaître totalement et se persuade que l'âme existe.

L'âme qui s'élève. Or quelle est la plus belle manière d'entrer en relation avec l'âme, si ce n'est par les parfums ?

Tout temple, lieu spirituel, chamanique, bouddhiste, hindouiste et évidemment chrétien fait appel au parfum, aux parfums d'épices et de résines lointaines.

La deuxième raison trouve son essence dans la croyance d'un paradis perdu et d'un jardin d'Éden dans lequel les épices pousseraient.

Et si c'est une divinité qui les faisait pousser dans ce jardin, alors ces épices ne pouvaient être que bénéfiques. Quelle formidable angoisse d'avoir conscience que nous sommes mortels. L'homme le sait et son obsession est de se maintenir en vie, d'éviter la maladie.

En conséquence, pour ne pas tomber malade, il est primordial d'ingérer des choses qui vont me maintenir en bonne santé. Nos anciens savaient, pressentaient pour le moins, l'intérêt préventif de ces épices.

Rappelons qu'en Europe, il faudra attendre la fin du XVIIe siècle pour que nous distinguions l'épicier de l'apothicaire. Enfin, pour expliquer cette attirance pour les épices, il existe une autre raison, peut-être un peu plus onirique que les autres.

L'épice est à la cuisine ce que l'orientalisme est à l'art.

Ne dit-on pas être « désorienté » ? Par contre, jamais on ne dit être « désoccidentalisé ». L'épice est un peu l'autre côté du miroir de chacun : l'étrangeté, l'inconnu, l'altérité, le mystère. Mais pourtant, toute mystérieuse soit-elle, non seulement je l'accepte, mais je vais en manger un morceau. Je vais l'avaler, l'incorporer et elle ne fera plus qu'un avec moi-même.

Passionné depuis mon enfance par l'aventure maritime, malouine, bretonne, française et européenne, j'ai souvent repris les récits de ces navigateurs qui rapportaient des contrées lointaines ces graines, fleurs, boutons, écorces et racines que les indigènes, souvent appelés sauvages, utilisaient dans leur cuisine aux parfums d'épices. Rapporter (à la voile), manger et apprécier ce que l'Autre mange, le différent, l'inconnu, c'est déjà le reconnaître, le considérer, l'accepter et l'aimer.

Sur les rivages des Indes orientales et occidentales, les intégristes religieux refusaient d'ingérer ce que les sauvages mangeaient.

Cet acte d'apprécier le même goût d'une épice avec l'Étranger marque le début du Métissage. L'histoire de l'humanité est faite de cet enrichissement. Enrichissement de notre culture, de notre art, de notre langue et évidemment, de notre cuisine. Il n'est pas question de s'effacer, ni de voler aux autres leurs cultures. Mais d'apprendre. De grandir en s'ouvrant aux autres.

Seule une identité culinaire marquée peut s'enrichir d'une autre culture et partager avec elle. Au contraire, sans identité propre, il est impossible de proposer à l'autre un retour. Certains me disaient : « Au cours de tes voyages, tu as pris plein d'idées de recettes. »

Je n'ai jamais pris d'idées de recettes. Je me suis simplement inspiré des lieux et des coutumes alimentaires que je découvrais. J'ai appris et continue à apprendre. Notamment dans le rapport que peuvent avoir certaines cuisines avec leur biotope : Comment un Indien va-t-il consommer le poivre, et quelle variété botanique de poivre va-t-il privilégier ? En fonction de quelles saisons ? Pourquoi préfère-t-il celui-ci à celui-là ? Quelles sont ses caractéristiques ? Pourquoi va-t-il utiliser le curcuma comme cela ? Pourquoi a-t-il su instinctivement ou compris empiriquement avant même que la science ne le prouve, que c'était un aliment ayant un grand intérêt protecteur ? un rhizome capable de protéger la santé de son enfant ? de le protéger de manière presque spirituelle associé à d'autres épices ? Dans les cultures populaires, nous rencontrons très souvent l'intuition que ce qui est « bon » est « sain ».

Et ce, avant que la science ne l'atteste. Aucunement antiscientiste, je m'aperçois chaque jour de la dimension très réductrice de nos connaissances. Il nous reste des continents de connaissances à découvrir.

Dans l'attente de ces découvertes, « refuser » ce que l'on n'explique pas encore, ce que la science n'a pas encore réussi à prouver, refuser le « bon sens » populaire ou une coutume alimentaire dans un contexte donné, au prétexte que l'on ne sait pas encore démontrer, est prétentieux et souvent regrettable.

Faudrait-il approuver que, du fait qu'elles ne peuvent être prouvées avec les moyens et les connaissances dont nous disposons aujourd'hui, ces choses n'existeraient pas ? Tout ce qu'on ne peut pas expliquer encore, tout ce dont on ignore la formule, tout cela n'existerait pas et n'aurait aucun sens ?

Certains jours, j'ai l'impression de me heurter à une science qui relève davantage de la foi que de faits étayés. La science devient alors pour certains une sorte de religion. Avec les dérives que peuvent rencontrer toutes les religions. La foi dans les progrès de la science rejoint parfois l'intégrisme de la raison.

Tout ce que nous découvrons, expliquons ou formulons a préexisté.

Observons, analysons et respectons notre instinct alimentaire communautaire dans chaque lieu de la planète pour souvent survivre ou vivre en bonne santé.

Admirons avec quel raffinement les cuisines du monde se sont construites suivant cette première responsabilité de prolonger au mieux la santé d'une famille, d'un village, d'une nation. Durant des siècles, chaque cuisine s'est ouverte aux mondes en s'affinant un peu plus.

Ne nous fermons pas à nos découvertes futures mais, au contraire, restons attentifs à toute altérité.

7

Tu te méfieras des lobbyistes

Le premier des lobbyings d'État fut le sucre. Le sucre saccharose est très récent dans notre alimentation. La saveur sucrée se trouvait autrefois essentiellement dans le miel et les fruits séchés.

On trouvait certes quelques roseaux au Moyen-Orient et en Égypte que l'on appelait canne à sucre. Mais il a fallu que cette plante soit implantée d'abord à Madère, puis en Amérique du Sud et aux Caraïbes pour que cette saveur se répande dans toute l'Europe.

Ce fut une bien vilaine histoire des hommes, avec tout d'abord les Indiens refusant de travailler cette canne en tant qu'esclaves qui furent massacrés.

Puis, déjà au nom du marché et du profit engendré, nous avons déplacé des millions d'Africains dans l'abominable commerce triangulaire entre l'Europe, l'Afrique et les Amériques. Le sucre porte en mémoire cet acte sinistre qui fut prolongé par moins d'infamie mais bien peu de vertu.

Je dois vous avouer que je combats le sucre depuis très longtemps, j'ose qualifier sa saveur de putassière, bête et facile.

Cela est un avis très personnel. Et je considère au contraire que la saveur civilisationnelle est l'amertume.

L'amertume signe l'âpreté intelligente : les apéritifs *bitter*, à l'italienne, l'huile d'olive, la trévise, l'artichaut, le café, le cacao, tous ces produits emblématiques sont amers. Comme l'est également le jus de rôti d'une viande. Souvenez-vous, faites monter en vous le goût du pain que vous aurez préalablement trempé de jus de poulet rôti. C'est l'amertume que l'on aime.

Cette amertume qui relance si bien l'appétence. Si je me méfie tant de cette saveur sucrée, c'est parce que tellement facile, elle peut engendrer une folie boulimique. Cette saveur peut se trouver hors de contrôle et sera consommée sans aucune modération possible.

Une saveur que l'on est presque poussé à surconsommer comme une drogue.

J'entends ce que m'opposeront les défenseurs du sucre : quand il est devenu accessible à tous, sa surconsommation ne suscitait aucun problème de santé publique car nous nous dépensions beaucoup plus physiquement, aux champs comme plus tard à l'usine. Certes, mais plus maintenant. Or nous n'en avons jamais autant mangé.

Revenons à l'histoire du sucre.

Durant les guerres napoléoniennes, la France connut un terrible blocus. Le sucre de canne n'arrivait plus dans nos ports. Le peuple déprimait, des frondes et des émeutes éclataient. Napoléon n'avait aucune envie d'essuyer la colère de son peuple à cause de carences alimentaires. Il décide alors de lancer un concours pour trouver le moyen d'extraire le sucre de la betterave. Par décret du 29 mars 1811, Napoléon promet de réserver à toute entreprise industrielle capable d'extraire le sucre de betterave une superficie de 4 000 hectares dans le nord de la France, ainsi qu'un crédit de un million de francs, accompagné d'une exemption d'impôts pendant quatre années. Chaptal et Delessert y parviennent en janvier 1812.

Les industriels du Nord se lancent alors massivement dans la culture de la betterave pour nourrir la campagne de Russie : Napoléon a conscience que le sucre peut devenir un atout pour nourrir ses hommes tant il est facile à transporter et riche en calories.

Mais, durant toutes ces années, en Haïti et ailleurs, on continue à produire du sucre brun. Arrive la Restauration, les relations maritimes reprennent et brutalement des stocks de sucre de canne débarquent massivement en Hexagone. Alors une bataille entre le sucre blanc et le sucre brun débute. Une bataille qui durera jusqu'à la veille de la Seconde Guerre mondiale.

Quelle solution les politiques ont-ils trouvée pour apaiser ce conflit économique ? Nous gaver de sucre. C'est le premier lobbying d'État.

On nous a fait croire pendant des décennies que la meilleure chose à consommer pour la santé, pour que les enfants deviennent forts, c'était le sucre.

On incitait même les écoliers à emporter des pierres de sucre dans leurs poches et à les manger dès qu'ils avaient un petit creux. J'ai moi-même connu ces pratiques qui passaient pour très bienveillantes tellement on avait convaincu la population entière des bienfaits de ce sucre blanc ou brun.

Mais comme cela n'aurait peut-être pas encore suffi à écouler les stocks, on a modifié les recettes de pâtisserie.

Et dans toutes les recettes, on a doublé, voire triplé la quantité de sucre. Prenons deux livres de traités de pâtisserie, l'un du XVIIIe siècle et l'autre de la fin du XIXe siècle, nous constaterons ces coefficients multiplicateurs dans la grande majorité des recettes.

Ainsi pour soutenir une filière et surtout pour déjà favoriser les profits considérables de quelques familles, l'État a probablement, pour la première fois de son histoire, suivie malheureusement de beaucoup d'autres, mis en place une stratégie pour nous faire manger toujours plus de sucre.

Il est à noter que durant cette histoire, on a associé à cette surconsommation de sucre une utilisation importante de cannelle. Or, aujourd'hui, il est prouvé que la cannelle permet de réguler le taux d'insuline et elle est conseillée aux personnes sujettes aux problèmes de diabète.

C'est la fameuse recette des spéculos, on invente toujours le contrepoison au poison que l'on crée. Et ce, sans en avoir nécessairement encore apporté la preuve scientifique. Depuis la nuit des temps, c'est par instinct empirique que l'humanité choisit ce qui est bon pour elle.

Nous pouvons évoquer les coutumes, les goûts, les opportunités, les choix limités, le « bon sens », les « trucs de grand-mère ». Autant de choses que l'on a le plus souvent abandonnées, faute d'avoir pu en prouver la véracité scientifique.

Mais surtout parce que nous avons été emportés dans une pseudo-vague de progrès, de consommation alimentaire orchestrée par des lobbies plus ou moins opaques à grand renfort de spots publicitaires souvent mensongers auprès des plus sensibles comme nos enfants. Au nom également d'une pseudo-hygiène alimentaire, mais aussi d'un nouveau confort, que d'acheter une alimentation toute prête à consommer ; les maîtres du lobbying ont gagné.

La surconsommation de produits laitiers, de viandes médiocres, de légumes assaisonnés de pesticides et réduits en soupes ou purées, de fruits ayant perdu toute propriété nutritive et réduits en pulpes très sucrées. La pression des céréaliers pour des blés encore plus chargés en gluten et nécessitant toujours plus d'azote et de glyphosate, les producteurs de produits OGM inconséquents qui avant tout s'approprient le monde végétal et bientôt animal comme Monsanto. Les producteurs d'huile de palme qui détruisent des forêts entières pour produire des graisses saturées dangereuses et qui confortent l'addiction à cette fameuse pâte à tartiner au chocolat. Tous ces très puissants groupes alimentent souvent les caisses des partis politiques, et leurs pouvoirs vont jusqu'à influencer les agences de santé dans le monde. De connivence étroite avec ceux qui détiennent toujours le pouvoir à l'« entrée du pont », le pouvoir de la vente finale à très forte marge ajoutée auprès du consommateur, les GRANDES SURFACES, dont le premier slogan est que « grâce à elles, les plus modestes peuvent se nourrir ». Dans le monde du lobbying, le cynisme n'a pas de limites.

Pour terminer en revenant sur le sucre, les petites pierres ont disparu des poches, mais il est présent et masqué dans toute notre chaîne alimentaire moderne.

Dans les céréales des petits déjeuners, dans les viennoiseries, gâteaux secs, sauces bien grasses des burgers, dans les crèmes, glaces, dans les barres chocolatées et surtout dans tous les sodas et boissons marron auxquelles ils associent la performance des plus grands champions sportifs. Et ces groupes si puissants sans visage réussissent à sponsoriser les grands événements gastronomiques voire des semaines du goût.

Des générations entières ont été gavées de sucre, on continue à visage masqué sachant pourtant maintenant quelles en sont les conséquences dramatiques sur la santé de chacun d'entre nous.

8

Tu t'engageras

Un jour, je m'en souviens comme si c'était hier, c'était un samedi après-midi de printemps. Une douce journée de week-end. Nous étions à Rennes, à l'espace culturel des Champs-Libres qui venait d'ouvrir ses portes. On m'avait demandé de présenter mon film *Trois étoiles de mer* à 15 h 30 tapantes. J'étais persuadé qu'il n'y aurait personne par ce premier beau jour de printemps.

Qui pourrait bien s'enfermer dans une salle obscure ? puis être assez patient pour rester encore et m'écouter causer ? Eh bien, quelle ne fut pas ma surprise de constater que la salle était comble.

Dans mon ego de cuisinier étoilé, j'étais persuadé que les personnes du public étaient d'anciens clients connaissant ma table. Il n'en était rien. Une femme présente ce jour-là, comme si elle lisait dans mes pensées s'est levée et, se tournant vers les autres, s'adressant à la cantonade : « Dans cette assemblée, qui a eu la chance de goûter à la cuisine d'Olivier Roellinger ? »

Seul un tiers des mains se sont levées. Dans leur immense majorité, ces personnes n'étaient pas mes clients. Ils étaient des citoyens venus m'écouter.

C'est à ce moment précis que j'ai compris l'immense travail qui allait m'attendre désormais. J'ai compris qu'il serait dorénavant de mon devoir d'accompagner, de guider, de susciter une prise de conscience sur les sujets alimentaires.

Les citoyens étaient prêts à écouter, partager et échanger sur ces sujets banals pour certains mais qui touchent l'essentiel : la nourriture, la vie.

N'ayant aucun intérêt économique ni aucune visée politique, ces personnes me faisaient surtout confiance. Je devais être à la hauteur de cette confiance. Et sans relâche œuvrer pour faire bouger les lignes au sein de la cité.

Je devais, modestement, apporter ma pierre à l'édifice pour que les esprits et toute la filière alimentaire évoluent.

Et plus particulièrement pour toutes ces personnes venues m'écouter mais qui n'auraient jamais les moyens de goûter la cuisine d'un chef étoilé.

J'ai compris ce jour-là que j'aurais désormais une responsabilité beaucoup plus importante que celle d'avoir uniquement un restaurant et de nourrir quarante personnes tous les midis et tous les soirs.

Depuis, même si parfois il m'arrive de douter, je n'ai plus jamais lâché mon bâton de pèlerin en espérant que nous serons de plus en plus nombreux sur ce chemin.

9

Tu soutiendras les petits producteurs

Les rapports entre les producteurs et les restaurateurs étaient tout autres dans les années quatre-vingt. Ces quelques lignes vont vous permettre de mieux connaître le contexte de l'époque. Pendant trente-deux années, j'ai fait le marché des Lices à Rennes. C'est l'un des plus beaux marchés de France. Je l'ai fait assidûment, tous les samedis matin, presque comme un rite hebdomadaire obligé. Je me souviens que je me levais dès l'aube pour que mes collègues restaurateurs rennais n'aient pas les produits que je convoitais chez tel ou tel petit producteur. Chacun gardait jalousement ses adresses et entretenait presque des rapports secrets avec eux.

Nous nous faisions, amicalement, un peu la guerre.

Quelle joie de piquer sous le nez d'un collègue des produits si rares à l'époque comme trois bottes de menthe bleue, une botte de basilic ou d'origan, quelques poignées de pourpier.

La semaine suivante, je devais arriver encore un peu plus tôt pour gagner la bataille.

Il ne fallait surtout pas que l'un de mes concurrents et pourtant amis ait les premiers petits pois mange-tout, ou girolles que je visais.

J'étais capable d'arriver encore plus tôt pour une botte de cerfeuil musqué.

À cette époque, sur les marchés de France, ces denrées étaient rares, surtout en Bretagne. Il n'y avait alors ni basilic, ni cerfeuil. Trouver de la ciboulette, encore plus de l'estragon, n'était pas simple.

Ces quêtes de la rareté et de la fraîcheur, les complicités avec ces femmes âgées qui les apportaient comme des trésors et les conflits engendrés avec les copains cuisiniers étaient homériques. Mais un jour, ces petits producteurs âgés ne vinrent plus sur le marché et les maraîchers de qualité se sont raréfiés. Il était urgent de changer d'attitude. Nous ne devions plus garder jalousement nos adresses mais au contraire, nous devions faire front, ensemble, pour permettre aux jeunes producteurs de qualité de survivre et se développer.

J'ai vu ces précurseurs, ces gens que beaucoup qualifiaient de doux rêveurs, ces combattants défenseurs de la nature qui, les premiers, ont porté haut les couleurs de l'agriculture biologique. Ils ont dû lutter contre les radicaux hygiénistes et surtout contre tous ceux qui n'acceptaient pas une tache sur un fruit, un trou dans une feuille de salade ou quelques points sur une carotte.

J'en ai trop vu abandonner et disparaître, ces premiers résistants du vivant, des cultivateurs, fromagers, petits éleveurs.

Peu à peu, je les ai vus remplacés par des revendeurs de nourriture aseptisée arrivant tout droit de Rungis ou de l'agriculture intensive.

Pourtant, ils étaient merveilleux avec leurs produits qui n'étaient pas toujours parfaits visuellement contrairement à ceux de l'industrie, mais qui étaient si goûteux et non traités. Les pommes avaient souvent des taches, des vers parfois, elles n'étaient pas très belles. Mais elles racontaient une nouvelle histoire qui en balbutiait une belle, qui allait devenir celle d'un plus grand nombre. Ces femmes et ces hommes développaient une nouvelle approche de la nourriture, presque une idée philosophique.

Permettez-moi d'avoir une pensée émue pour mes amis Paul Renault, grand éleveur de pigeons, Angèle pour ses herbes, Mme Cordonnier pour ses fraises inoubliables, Papa Bocel pour son cresson alénois, Annie pour ses asperges vertes, Véronique pour ses fromages, Coralie et ses confitures et M. Priour pour son andouille.

Tous avaient le charme de ceux qui savent avant les autres, avec ce côté décalé par rapport à la demande de masse.

Sans eux, je n'aurais jamais atteint ce niveau de cuisine. J'étais déjà très sensible à l'époque à leurs discours sur les pesticides, la nature et le goût, mais beaucoup de choses m'échappaient encore.

Aussi j'ai pu apprendre à leurs côtés. Et saison après saison, je constatais la supériorité gustative de leurs produits portés par une énergie dans l'intention de faire « bon ».

Petit à petit, je ne me suis plus fourni que chez eux. Je comprenais que j'avais pour mission, en tant que cuisinier déjà de renom, d'être leur premier client.

Il m'appartenait également de leur trouver d'autres clients pour qu'ils puissent vivre dignement de leur production et valoriser ainsi au mieux leurs connaissances, leurs efforts, leur prise de risques et leur travail.

Les comportements des cuisiniers ont changé et nous avons mis au pot commun nos adresses de jeunes paysans, comprenant que sans eux nous ne pourrions simplement pas faire de la bonne cuisine.

Nous devons saluer l'audace, le courage, la ténacité et l'engagement de ces premiers jeunes producteurs de légumes, de lait, d'œufs, de fruits et de viande qui ont développé les premiers l'agriculture biologique. Ils étaient tellement moqués avec leurs légumes et fruits biscornus, imparfaits, et leurs yeux de rêveurs.

Mais paradoxalement, tous ces précurseurs ont été copiés.

Mais pas copiés pour faire du bon et de la qualité. Copiés pour faire des produits toujours très médiocres et standardisés qui n'avaient que l'apparence de leurs produits.

Ainsi des légumes oubliés, réimplantés par ces pionniers du bio qui sont maintenant cultivés de manière intensive. L'agrobusiness a singé une fausse diversité. Il inonde aussi les étals de tomates prétendument anciennes qui affichent toutes les belles couleurs de l'arc-en-ciel.

Mais elles n'ont pas plus de goût ni de saveurs que leurs sœurs aînées calibrées. Elles aussi sont devenues des hybrides, comme les autres.

Chaque fois, l'authenticité est rattrapée par l'industrialisation au détriment des vrais artisans de la terre. Quand je repense à ces premiers jeunes couples de paysans bio des années quatre-vingt-dix que j'ai croisés au marché des Lices, à leurs mains déjà calleuses, à ces hommes et ces femmes vivant de presque rien et se dévouant à leur cause. Et quand je vois le business du bio réalisé par les industriels et grandes surfaces, je suis terriblement attristé. Certains me disent que je suis trop radical. À les en croire, que les supermarchés fassent du bio serait positif. Mensonge. Ce n'est qu'un énième subterfuge pour réaliser des marges considérables sur le dos des paysans et celui des consommateurs. Ils réussissent même par leur pression financière et politique (encore du lobbying) à faire évoluer le contenu des cahiers des charges des labels bio pour les assouplir dans un premier temps, puis à dévoyer totalement l'esprit premier du bio.

Vous ne trouverez aucun altruisme derrière cette démarche, juste du profit. Toujours pour les mêmes.

Et pendant ce temps où les dirigeants regardent ailleurs, la fracture alimentaire se creuse. Chacun d'entre nous peut faire le tour de son propre territoire, en commençant par arpenter les marchés locaux et rencontrer tous ces producteurs en direct.

En ville, les difficultés sont plus grandes pour renouer avec les producteurs mais des AMAP et de jeunes groupements s'organisent pour collecter les meilleurs produits en limitant au maximum les coûts.

Les produits de qualité sont rarement plus chers à la production, mais leur logistique d'acheminement est plus compliquée que celle de l'industrie agroalimentaire et celle-ci engendre des coûts supplémentaires indirects considérables pour la communauté.

Mais avant tout, il faut que chacun ait la volonté et fasse l'effort de rechercher dans sa situation le moyen de se reconnecter avec des producteurs. Votre santé, votre plaisir, la richesse de vos rencontres et bien souvent l'état de votre porte-monnaie en dépendent.

Alors un cercle vertueux renaîtra entre les campagnes et les villes.

10

Tu prendras soin de toi et des autres

Parfois, j'ai l'impression que nous mettons plus d'énergie à essayer de trouver les remèdes à la malbouffe, au mal de vivre, aux différentes maladies engendrées par une mauvaise alimentation qu'à bien manger.

Alors que nous devrions au contraire commencer par bien nous nourrir. Aspirer à une cuisine de rêve, même simple et modeste, une cuisine éthique et onirique. Une cuisine qui aurait surtout du sens. Le sens de l'harmonie et de la cohérence. Une harmonie avec l'esprit, avec le corps, avec la nature.

Cette harmonie retrouvée, alors nous comprendrions enfin que la finalité est bien le rapport à l'autre.

Nous devons être à chaque période de notre vie à la recherche d'une cuisine qui fait du bien à la tête, au corps et au cœur de chacun, pour être simplement bien avec soi-même et les autres.

Lors d'un voyage avant l'an 2000, la cuisine du Nord-Vietnam m'avait particulièrement touché. Elle est probablement la plus moderne. Dans ce pays, après des décennies de guerres contre les armées les plus puissantes du monde, ce peuple disposait de très peu pour se nourrir, donc on mangeait tout sans jamais rien gaspiller. Quand on cuit un crabe, on conserve bien évidemment le bouillon de cuisson. Et il ne viendrait à l'idée de personne de jeter les pattes de poulet. On consommait absolument tout tant il était inconvenable, inacceptable de jeter quoi que ce soit.

Cette cuisine est pourtant très joyeuse, les Vietnamiens vivent aussi pour manger, ils se régalent de tout ce que la nature peut leur donner.

Mais cette cuisine est également très pensée, comme médecine préventive. Dépourvu de médicaments lors des différents blocus, ce peuple avait compris l'importance de bien manger pour ne pas tomber malade. Nous retrouvons cette prise de conscience dans bon nombre de cuisines orientales comme les cuisines chinoise, thaïlandaise ou indienne. Dans ce Vietnam de la fin du siècle précédent, la personne centrale dans la famille, c'était la femme. Celle qui porte les enfants et les allaite. Dans les familles, tout était fait pour que la jeune femme soit en parfaite santé et, pour qu'elle le soit, il faut que la cuisine soit liée à son cycle.

Ce pays si attachant mais si meurtri se donnait tous les moyens pour se repeupler et revivre. Toujours avec le sourire autour de ces petites tables de « dînette ».

La cuisine roumaine m'a également particulièrement interpellé. Dans ce beau pays, on mangeait une herbe différente chaque jour. Quelle biodiversité ! pouvoir trouver trois cent soixante-cinq herbes différentes dans l'année.

Nous retrouvons toujours dans ces cuisines la même volonté d'agir comme une médecine préventive. Les cuisines traditionnelles, par leur diversité, apportaient équilibre et plaisir.

Autant dire que, dans leur sagesse populaire, ces cuisines sont à mille lieues du monde standardisé dans lequel les industriels nous plongent.

La diversité des produits et leur valeur nutritive se sont effondrées.

Le gras, le sel et le sucre sont les trois piliers de cette cuisine industrielle. Comment avons-nous laissé entre les mains de ces affairistes la responsabilité de nourrir l'humanité ?

Pensent-ils seulement être animés d'un soupçon d'altruisme ?

Repensons à la bienveillance de cette jeune Indienne qui courait derrière son enfant pour le nourrir. Ces personnes ne sont mues que par le seul profit en mettant en pratique des procédures apprises dans les si nombreuses écoles de commerce.

Qu'importent les conséquences sur la santé des consommateurs ?

Qu'importe le revenu trop souvent dérisoire du producteur ?

Qu'importent la maltraitance animale et le saccage environnemental engendrés par cette course à toujours plus de profit ?

Pourtant, insuffler un peu d'éthique dans le commerce ne me paraît pas compliqué et surtout pas incompatible. Je considère que l'urgence est de le faire.

Un cuisinier restaurateur est un commerçant. Quand j'entends cette phrase : « Le commerce, c'est le commerce », je bondis.

Parce que le commerce est d'abord l'échange. Lorsque nous achetons un poivre, je me pose toujours cette question : « Qu'est-ce qu'un poivre de qualité ? »

Je le goûte, il est bon. Mais est-ce pour autant un poivre de qualité ? Pour être certains, nous devons, avec mes enfants, nous rendre sur le terrain, très souvent en Inde dans le Kerala, pour voir dans quelles conditions il est cultivé. Les cueilleurs et employés sont-ils bien traités ? Si ce n'est pas le cas, alors ce poivre ne peut plus être « bon ».

Une autre condition : si, pour produire ce poivre, la lisière de la forêt endémique a été détruite et des intrants chimiques ont été utilisés pour sa culture, ce poivre n'est plus « bon ». Pour qu'un produit soit qualifié « de qualité », l'humain et la nature doivent être les premiers critères.

Ce sont des critères nécessaires. Ils ne sont pourtant pas suffisants. Pour qu'un produit soit bon au palais, il faut de la connaissance, du soin et parfois du talent. La noblesse du commerce des produits alimentaires doit être de prendre en compte les conditions sociales, environnementales et le goût.

J'aimerais que la personne à qui nous achetons son produit ne s'empoisonne pas, n'empoisonne pas son environnement et vive dignement de son travail pour nous proposer le meilleur.

À une époque où le mot « durabilité » est employé en permanence, cette démarche, ce type de commerce, est par définition durable afin que la qualité soit encore supérieure l'année suivante.

Je souhaite que ce petit producteur soit encore présent et même que ses enfants soient fiers et puissent continuer à développer le jardin d'épices plutôt que d'aller grossir la population des banlieues des métropoles. Cette approche, nous la vivons avec mes enfants Mathilde et Hugo, avec l'ensemble des petits producteurs d'épices, au Sri Lanka, en Égypte ou au

Mexique, mais également avec les pêcheurs et cultivateurs autour de Cancale.

Ce cercle vertueux nous permet de regarder dans les yeux la femme ou l'homme à qui nous achetons ces produits.

Et celles et ceux à qui nous allons les vendre. Tout cela est une question de simple bon sens, d'éthique et même de « bien-être ».

C'est sans doute l'une des plus grandes joies de ma vie que d'avoir mis en place ces cercles vertueux et rémunérateurs pour nos producteurs, pour nos collaborateurs et nos clients. Toutes ces femmes et tous ces hommes composent notre orchestre, notre compagnie de théâtre, ils jouent parfaitement le ton ou la pièce.

Chacun y joue son rôle et personne n'est cloné. Il se dégage de ce cercle vertueux un sentiment de bonheur.

Qu'attendons-nous pour que chacun revienne à ces circuits courts rémunérateurs pour son propre bonheur et celui des autres ?

11

Tu sauveras le lait cru et le vivant

Quel symbole que le lait, premier aliment pour tous les mammifères. Le lait des animaux permit aux hommes de se nourrir dans toutes les civilisations.

Le lait généré pour prolonger la vie est un aliment hautement symbolique. Les cuisines du monde ont trouvé de multiples manières de le consommer mais surtout de le conserver. Du fromage blanc, de la crème, du yaourt, des fromages innombrables, du beurre, du ghee.

Qui se souvient d'aller à la ferme voisine, une bue à la main pour chercher le lait de la dernière traite ; puis d'enlever cette peau délicieuse récupérée à la première ébullition afin de le conserver quelques jours ?

Ce lait si délicat au nez, si savoureux et si nutritif, est devenu un liquide blanchâtre, sans goût, sans odeur et presque sans valeur nutritive. Il est maintenant appelé « brique de lait » et garanti consommable même si on l'a laissé traîner plusieurs mois dans un garage.

Même en Bretagne, il était difficile de trouver un grand beurre au lait cru, de baratte et fait avec un lait à beurre très riche en matière grasse.

Nous avons eu la chance avec mon fils Hugo de rencontrer Thierry Lemarchand qui possédait plus de quatre-vingts vaches Froment du Léon, une ancienne race bretonne qui devait disparaître.

Cette race devrait disparaître parce qu'elle ne produit que huit litres de lait pour près de quarante litres pour une vache Holstein.

Ces vaches bretonnes avec la pie noir avaient permis au beurre breton de gagner ses lettres de noblesse. Ayant été asphyxié économiquement par le bien connu collecteur de lait Lactalis, Thierry Lemarchand allait tout abandonner. Nous l'avons alors soutenu pour qu'il valorise ce lait en faisant à nouveau du beurre en créant un petit laboratoire et en utilisant d'anciens ferments retrouvés qui permettaient à toute l'expression aromatique de se développer.

Son parfum, sa texture, ses couleurs et son goût sont uniques.

Ces vaches étaient appelées autrefois « vaches de Madame », tellement elles étaient dociles avec les femmes de marins souvent partis en mer, qui devaient les mener seules.

Ce nom leur était également attribué parce que leur lait faisait un si bon beurre qu'il était réservé pour la châtelaine. Pour que Thierry et sa famille puissent vivre de ce cheptel de Froment du Léon, évidement ce beurre est beaucoup plus cher qu'un beurre industriel qui n'a plus du beurre que le nom. Ces micro-aventures humaines sont essentielles pour sauver nos agriculteurs, nos campagnes, notre santé et le plaisir de manger. Ils sont très nombreux aujourd'hui à vouloir bien travailler et faire leur métier dignement. Combien bataillent au quotidien pour préserver le lait cru ! Ce sont autant de résistants au rouleau compresseur de l'exploitation.

Combien d'embûches auront-ils à éviter ? Combien de combats menés pour pouvoir nous proposer du lait cru ? Tout a été fait pour les contraindre à jeter l'éponge et à abandonner leur lait de qualité.

Ne soyons pas naïfs, cette opposition farouche au lait cru que leur livrent les industriels du lait n'a rien à voir avec une quelconque défense de nos intérêts à nous consommateurs.

Ne tombons pas dans le piège de « peur » qu'ils nous tendent quand ils nous racontent à longueur de communiqués que seul leur lait aseptisé serait sans danger. Jusqu'à preuve du contraire, leur prétendu hygiénisme ne les aura pas empêchés de mettre dans les rayons des supermarchés des laits infantiles dangereux truffés de salmonelles. Je ne peux me résoudre à ce que ces industriels laitiers décident de sacrifier le lait cru sur l'autel d'un faux hygiénisme normatif qu'ils sont les seuls à pouvoir pratiquer et en écartant toute autre structure de collecte, de conditionnement et de transformation artisanale.

Les études sérieuses et indépendantes des chercheurs nous ont désormais apporté la preuve que leur argumentation était fallacieuse. Le lait cru est reconnu comme une arme intéressante pour renforcer les défenses de nos enfants et il a un effet protecteur sur les jeunes enfants qui développent moins d'allergies et d'asthme.

Nous pourrions également rappeler les études de Dominique-Angèle Vuitton, professeur émérite d'immunologie classique et membre de l'External Review Group de l'EFSA (agence sanitaire européenne), qui insiste également sur les bienfaits de la consommation de lait cru contre les infections respiratoires de la petite enfance.

La propension de nos sociétés modernes à tout asphyxier est inquiétante, en particulier durant les premières années de la vie : les enfants sont fragilisés en ce qu'on ne leur permet pas de mettre correctement en place leur système immunitaire.

Et puis, au-delà de la santé. Quel goût, ce lait cru ! Les gourmets savaient déjà qu'il était bien meilleur que le lait pasteurisé, mais désormais les scientifiques leur en ont apporté la preuve. Pas de bon fromage sans lait cru. La pasteurisation, en uniformisant la composition microbienne des laits et des fromages, standardise le goût. Seul le lait cru offre une variété de saveurs puisque lui seul permet de magnifier ce que l'animal a mangé. Lui seul garde le lien avec la prairie. Pour obtenir du bon lait cru, il faut remettre les bêtes au pâturage. Le goût du lait changera suivant la saison, le goût herbacé de printemps, floral en été, plus mûr en automne et tendre en hiver avec le foin naturel de ces pâturages.

Défendre le lait cru, c'est aussi défendre un modèle de société. Les petits élevages entretiennent les sols, les paysages, le maillage social et même notre tourisme qui, sans jolie campagne et sans bons produits régionaux, n'aurait plus rien à proposer au monde.

Ce lait cru fait mieux vivre les éleveurs. Beaucoup se battent au quotidien pour le défendre et obtenir un prix juste.

Aidons-les en dégustant ce lait cru, ce lait vivant dans la sauce Béchamel, dans le riz au lait et la crème anglaise.

12

Tu sauveras la graine, les insectes et les vers

D'après l'Organisation des Nations unies pour l'alimentation et l'agriculture (FAO), en cent ans, nous avons perdu les trois quarts de la diversité génétique des plantes cultivées.

En France, nous avons un système, le Catalogue officiel qui répertorie des variétés végétales pour l'alimentation. C'est un registre dans lequel les grands semenciers font la pluie et le beau temps. Ce groupement, le GNIS, piloté par dix-huit personnes, contrôle totalement la filière. Pourtant la nature juridique du GNIS est floue et imprécise, tantôt personne publique, tantôt personne privée. Il peut être tantôt le représentant neutre et officiel de l'État français, tantôt le groupe de pression puissant servant les intérêts de l'industrie semencière.

Au fil des années, ils ont sélectionné des variétés dites homogènes et stables. Identiques en quelque sorte. Des graines formatées pour l'industrie agroalimentaire. Des graines qui poussent vite et bien en monoculture intensive et s'adaptent parfaitement aux engrais chimiques, aux pesticides, aux herbicides et fongicides.

La plupart de ces plantes sont des hybrides F1 qui ne tiennent jamais sans leurs béquilles chimiques que sont les engrais et les biocides de la pétrochimie, et dont les graines elles-mêmes ne pourront pas être replantées l'année suivante. Aussi la myriade de la biodiversité a laissé la place à l'unicité de quelques variétés conçues pour l'industrie. Cette sélection uniquement arbitrée pour plus de profits immédiats et surtout pour opérer une mainmise totale, a réduit dangereusement notre biodiversité comme peau de chagrin. En effet, depuis la nuit des temps, la diversité végétale a permis une adaptabilité des graines et du vivant. Cette diversité permet de mieux résister aux maladies, au développement invasif d'un insecte et de s'adapter aux changements climatiques.

Ils ont stoppé et quasiment volontairement cet extraordinaire phénomène naturel sans aucun droit. On nous raconte que cette biodiversité n'est pas perdue mais conservée dans des entrepôts réfrigérés de l'INRA, considérant que toutes ces semences ont un potentiel. Mais cette banque de graines est avant tout mise à la disposition des chercheurs de l'agroalimentaire. Nous pouvons nous interroger sur la raison profonde d'avoir fait disparaître cette profession de semenciers qui existait dans toutes les régions de France. Sous couvert de garantir une homogénéité des graines, les plus gros ont anéanti les petits pour totalement contrôler cette manne qui contraint tous les cultivateurs. Ils n'ont d'autre choix que d'acheter tous les ans ces graines, d'utiliser tous les intrants chimiques pour leur développement et pour finir, d'être subventionnés par la collectivité pour survivre. La diversité des graines de la planète indispensable à l'alimentation de l'humanité n'a pas pour finalité d'être stockée dans des frigos mais de pousser dans la nature, dans les champs et rizières.

Cette coévolution était parfaitement comprise par les anciens paysans qui échangeaient leurs graines. Ils savaient que celles-là résistaient mieux à tel type de maladie, celles-là à l'humidité, celles-là à la sécheresse. Et ils avaient le choix des armes pour mener leurs cultures à bien, souvent avec l'aide des semenciers locaux devenus des experts. Cette liberté que les agriculteurs avaient d'échanger leurs graines et semences leur a été volée. Ils ont été contraints de ne choisir que les variétés standardisées du fameux catalogue, au risque de se retrouver hors la loi car seules ces variétés peuvent être cultivées pour un usage commercial.

Beaucoup de maraîchers et d'associations passionnées de graines ont tenté de contrecarrer ces interdits et de retrouver leur liberté de choix, mais c'était toujours au risque de se mettre hors la loi.

Au fil du temps, nous sommes ainsi arrivés à ce terrible non-sens de privatiser le vivant. De privatiser la GRAINE qui est pourtant le patrimoine de tout Terrien. Seuls quelques résistants refusaient de se plier à ce système.

Aussi, je fus très heureux d'apprendre que les députés avaient enfin autorisé la vente libre de toutes les semences de variétés traditionnelles, en particulier celles exclues du Catalogue officiel.

Le bon sens des hommes qui respectent la nature semblait reprendre la main sur la circulation des graines. Mais pour le plus grand plaisir du lobby des semences, le Conseil constitutionnel a censuré cette avancée majeure.

Et comble de cynisme, la grande distribution, celle qui œuvre depuis des années à standardiser les légumes et les fruits, pour les calibrer, les rendre quasi imputrescibles, se refaisait une virginité en se posant en défenseur des graines. Décidément plus de limite dans ce monde, non plus libéral, mais tenu par quelques puissants.

Pourtant nous continuerons, quelques-uns hier, une armée demain, de résistants, à nous échanger les semences. Quitte à être hors la loi. Des maraîchers, des consommateurs aux cuisiniers responsables, nous sommes engagés dans ce combat pour l'alimentation de demain, à la limite de la désobéissance civile.

D'autre part, ces cultures intensives ont asphyxié la majorité des terres arables et détruit les plus grands laboureurs et faiseurs d'humus, les vers de terre. Tentez de trouver un ver ou un micro-organisme dans les sols de la Beauce, dans les champs de choux en Bretagne ou dans les vignobles n'ayant pas basculé en bio ?

Enfin, je ne peux clore ce chapitre des monocultures intensives sans évoquer le massacre effrayant des insectes, en particulier des insectes pollinisateurs, comme le rappelle la synthèse de soixante-treize études parue dans la revue *Biological Conservation*. L'urgence est de comprendre que cette agriculture est reconnue comme dangereuse et que les voies alternatives que sont les cultures biologiques, les modes de permaculture et de l'agroécologie doivent être développées. Non pour revenir au passé, mais avec les nouvelles connaissances scientifiques, aborder des cultures qui ne détruisent pas les systèmes naturels mais les utilisent pour rendre à la *Terra Madre* ce qu'elle nous donne si généreusement depuis les tout débuts de l'humanité.

13

Ta présence au monde.
Tu tenteras d'être éthique
ou ne seras pas

Il est urgent que nous comprenions que notre présence au monde sera éthique ou ne sera pas.

Nous devons prendre conscience que nous faisons partie d'un tout. Un tout qui devrait nous rendre solidaires les uns des autres, nous naviguons tous sur le même bateau. Sans cette prise de conscience générale, nous échouerons et disparaîtrons après avoir vécu de terribles troubles. Personne ne pourra y échapper, même les plus puissants sur une quelconque chaloupe.

Depuis mon enfance, nous usons du vocabulaire maritime. Ces mots me rapprochent de la fabuleuse aventure maritime que mon pays, la Bretagne, et particulièrement le pays de Saint-Malo ont vécue pendant plusieurs siècles.

À mes débuts, je cherchais à exprimer dans ma toute jeune cuisine l'esprit aventurier des hommes du pays, que Michel Le Bris surnomme « Les Étonnants Voyageurs ».

Pour nous du pays de Saint-Malo, réussir c'est partir, souvent pour mieux revenir. Des pêcheurs de morue en Atlantique Nord, de la découverte du Canada par Jacques Cartier, la chasse à la baleine jusqu'à Shanghai en passant par San Francisco, du commerce interlope sur les côtes chiliennes jusqu'à Valparaíso, de la prise de Rio par le corsaire Duguay-Trouin, de la maîtrise de l'océan Indien par Mahé de La Bourdonnais, des multiples exploits des cap-horniers aux découvertes du commandant Charcot, les murs de Saint-Malo transpirent l'Aventure. Mais comment exprimer cet esprit d'aventure ?

Un jeune thésard en histoire me donna la liste des épices rapportées à la fin du XVIIe siècle dans les bateaux battant pavillon malouin.

Certaines venaient de Chine comme la badiane et le poivre de Sichuan, d'autres venaient des îles

Moluques comme la muscade et le clou de girofle, d'autres venaient d'Inde comme les poivres *piper nigrum*, la cardamome, le curcuma et le gingembre, d'autres venaient de Ceylan comme la cannelle, d'autres du Moyen-Orient comme le cumin, le fenouil et la coriandre mais on trouvait déjà également celles du Nouveau Monde comme les piments et les vanilles.

À la voile, avec souvent des bateaux peu manœuvrables, sans connaître exactement la longitude n'ayant pas toujours des montres de précision. J'ai voulu rendre hommage à cette fantastique aventure humaine.

Je comprenais que dans les entrepôts de Saint-Malo, à cette époque, les saveurs du monde étaient réunies pour la première fois en Europe. J'ai alors créé après de multiples tâtonnements, mon premier mélange d'épices « Le Retour des Indes », non pas le retour d'un voyage en Inde mais un Retour des Indes imaginaires, des Indes orientales et occidentales.

Notre pays et l'Europe tout entière allaient s'ouvrir au monde, aux autres, aux différents. Avec ma femme Jane, nous allions reprendre durant les trois mois de fermeture hivernale du restaurant les routes de ces armateurs de Saint-Malo et faire nos plus belles rencontres.

En naviguant nous allions nous mettre dans les pas de ces illustres familles malouines et bretonnes qui ont sillonné le monde à la conquête des épices. Je souhaitais renouer avec cette fabuleuse histoire de la Compagnie des mers du Sud qui deviendra la Compagnie des Indes, l'ouverture au monde de mon pays breton.

Retrouver ces routes et les récits de ces familles de grands voyageurs devint une obsession, des Caraïbes au golfe du Mexique, des côtes indiennes à la baie de Phang Nga.

Durant ces voyages, souvent accompagnés de nos enfants Mathilde et Hugo, nous avons fait la rencontre de ces femmes et de ces hommes qui cultivent et récoltent les épices. Sur la côte Malabar, j'ai noué des liens très forts avec ces petits producteurs. À l'époque, je leur achetais quatre à cinq kilos de poivre, de gingembre et cardamome que je rapportais dans mon sac. C'était tout ce que je pouvais rapporter, c'était trop peu pour l'année, et j'avais toujours trop peur d'en manquer. En manquer signifiait arrêter le plat que je réalisais avec et surtout grâce à elles. Sans mails, dans les années quatre-vingt-dix, je leur écrivais un petit mot et attendais patiemment le colis des Lointains aux parfums envoûtants. Cette peur du manque, ces longs voyages m'ont rendu si précieuses ces épices.

Elles arrivaient comme des trésors au pied de ma cheminée de granit, et je composais un mélange à mon goût de Breton pour renouer avec l'esprit d'aventure de mon pays. Pendant une vingtaine d'années, nous avons ainsi noué des liens avec ces petits producteurs. Nous avions appris à nous connaître et ils m'ont tellement appris.

Chaque année, je devenais plus expert en matière d'épices. Je connaissais quelle était la meilleure période de la récolte pour chacune. Avec ma femme Jane, pharmacienne nous apprenions également les principes actifs de chacune.

Pour obtenir tel goût, mieux valait les cueillir en début de récolte. Pour tel autre, c'était plutôt en fin de récolte.

Je découvrais les différences entre un poivre d'altitude et celui du fond d'une vallée. Ces rencontres humaines me permettaient surtout de concrétiser cet imaginaire que j'avais développé au travers des récits d'aventures maritimes, de Mahé de La Bourdonnais à Bernardin de Saint-Pierre. Toutes ces aventures qui m'ont permis de forger la mienne. Tous ces écrits, qui m'ont permis d'écrire ma cuisine. Ainsi a débuté ma passion pour les épices. C'est aux côtés de ces femmes et de ces hommes que j'ai progressé dans mes connaissances comme dans mon humanité.

Mais je ne pouvais m'imaginer qu'un jour, nous ouvririons à notre tour une petite route commerciale des épices. Jamais je n'aurais imaginé que j'allais pouvoir contribuer au maintien de ces hommes et ces femmes dans leurs petites exploitations et que leurs enfants souhaiteraient poursuivre avec mes propres enfants.

Jamais, je n'aurais osé imaginer pérenniser ces relations.

Cet engagement auprès d'eux, il s'est construit comme un parcours de vie. Doucement, naturellement, simplement. On a appris à se connaître, à se respecter. Nous avons bâti nos relations dans un respect mutuel. Puis tout s'est accéléré au détour d'un accident de vie. Rattrapé par la maladie, j'ai dû fermer le restaurant auquel le *Guide Michelin* avait attribué trois étoiles. Il fallut alors réduire la toile, sécuriser l'entreprise et changer de modèle pour pérenniser les emplois de nos collaborateurs.

Mais j'éprouvais le besoin de faire quelque chose ayant du sens, peut-être en regard de la fragilité de la vie que j'affrontais une nouvelle fois. Dans l'esprit de l'engagement du boulanger Lionel Poilâne qui avait mis au point des fours démontables pour intervenir sur des zones sinistrées après une catastrophe : inondations, famines, tremblements de terre, cyclones ou guerres. Ces lieux où les gens ont un quotidien de douleur et de souffrance.

J'ai trouvé l'idée belle et généreuse et j'ai alors imaginé des roulottes-cantines qui auraient permis de cuisiner en urgence sur ces mêmes zones. Pas pour faire du pain mais pour cuisiner au plus vite pour le plus grand nombre. Après discussions avec des hommes comme ceux de Médecin du monde, je comprenais que cette idée était malheureusement beaucoup trop complexe pour être concrétisée et je dus l'abandonner.

Cependant lors de ces échanges où je racontais mes relations avec ces petits producteurs d'épices et en expliquant que beaucoup rencontraient d'importantes difficultés à vendre à un prix décent leurs épices de très belles qualités ils m'aidèrent à concrétiser une action. Le marché est en effet tenu par des *traders* qui imposent les prix aux fermiers via des collecteurs.

Le négociant ne voyant jamais le producteur mais fixant les prix, ce commerce est totalement inéquitable et particulièrement injuste. Comme une évidence ils me disent :

« Si tu veux aider des communautés, pourquoi ne commences-tu pas par aider ces personnes que tu connais et qui connaissent des difficultés à vendre leurs épices de qualité ? Pourquoi ne mettrais-tu pas en place modestement des circuits courts équitables et solidaires avec tous ces producteurs d'épices avec lesquels tu as noué des liens depuis plusieurs années ? Achète-leur leurs produits au juste prix. » Ce fut une révélation.

Cet accident de la vie me permit ainsi de rendre honorablement à ces hommes et à ces femmes ce qu'ils m'avaient apporté en pouvant signer une cuisine française singulière aux parfums d'épices. Sri Lanka, Inde, Mexique,

Madagascar, j'avais mes réseaux, je connaissais leur mode de fonctionnement. En me rapprochant de Fairtrade Labelling Organizations, je pus adopter les prix les plus justes pour chaque épice et pour chaque pays afin que chaque communauté puisse vivre dignement de ce qu'elle cultivait.

Payer trop cher semble généreux mais il n'en est souvent rien. Cela est parfois juste destructeur en désorganisant un trésor social et en perturbant des équilibres de production fragiles, mettant ainsi en danger une souveraineté alimentaire locale. Si la question du prix était première, il fallait aussi réussir à construire avec eux des filières respectueuses des hommes et de l'environnement.

Des filières qui fourniraient la vraie Qualité.

C'est une grande satisfaction pour nous avec nos équipes de pouvoir participer au maintien d'une biodiversité, de la richesse, des emplois et du goût.

Une grande satisfaction de pouvoir tendre vers ce fameux cercle vertueux.

Comment aurais-je pu imaginer qu'un jour, ce seraient au tour des enfants de ceux avec lesquels je travaille depuis des années, en ayant commercé avec quelques kilos, à qui mes propres enfants achètent maintenant plusieurs tonnes.

Dans la maison de mon enfance ayant pour nom *La Maison du Voyageur*, nous avons implanté notre laboratoire d'épices, d'herbes et d'algues. Les épices sont contrôlées par des analyses, elles sont torréfiées, broyées, mélangées, étuvées, moulues et enfin conditionnées dans cette maison.

Les Cancalais furent les premiers à vouloir pousser la porte tellement l'odeur était puissante et agréable, les clients eux-mêmes voulaient repartir avec le mélange d'épices présent dans chacun des plats salés ou sucrés. C'est ainsi que nous avons commencé à les vendre sous la marque « Épices Roellinger ».

Permettre à des petits producteurs oubliés au bout du monde de vivre de ce qu'ils produisent, et rendre accessible à un plus grand nombre ces créations de mélanges d'épices au goût à la française pour sublimer les plats de tous les jours. Cette démarche est une merveilleuse aventure humaine qui donne du sens à notre vie.

14

Tu repartiras à la conquête du goût

Je me souviens d'un jour où nous récoltions ensemble avec un paysan indien du poivre. Soudain je l'arrêtai car je m'apercevais que tous les grains ne faisaient pas la même taille. Certains étaient tout petits. Je m'en étonne : « N'est-il pas maigrichon celui-là ? Par rapport à celui-ci qui est plus gros ? » Et le paysan indien me répond : « Oui, mais c'est normal, ce n'est pas la même plante. »

J'étais incrédule : « Mais que me racontes-tu ? »

L'homme imperturbable persiste : « Ce n'est pas la même plante. »

Et le voilà qui me montre. « Tu vois, les feuilles n'ont déjà pas la même forme. Les grappes ne sont pas tout à fait les mêmes. Ici, les grains sont espacés. Là, serrés. »

Puis il continue sa démonstration, et me dit : « Parce que là, tu vois, tu as du jeerakarimundi, là du karimundi, là du karimunda, là du neelamundi, là du panniyoor 1 et du panniyoor 2. »

J'étais littéralement sans voix, subjugué et effaré. Comme si un nouveau monde s'ouvrait à moi.

Et cet homme de continuer : « Ce sont des variétés botaniques différentes. » Il m'explique alors que le jeerakarimundi est le plus petit et qu'il n'intéresse donc pas l'export. Pourtant, il sait, lui, qu'il s'agit à son goût du meilleur poivre, le plus piquant. Aussi, auprès de lui et d'autres, j'ai compris l'infinie variété de poivres, de type *piper nigrum*, et j'ai contribué à l'évolution de ce marché en proposant le premier ces différents poivres aux caractéristiques si singulières.

J'ai pris conscience de la richesse, de la diversité qui s'offraient à nous. Dans le marché classique organisé par les Anglais, depuis la permaculture au XVIIIe siècle, les négociants n'allaient jamais sur le terrain et faisaient appel à des collecteurs qui rapportaient le poivre, toutes les différentes variétés mélangées sans distinction comme un immense « *blend* ».

C'est aussi sacrilège que si l'on traitait les différents cépages de vin comme un tout indistinct. Et que l'on mélangeait le cabernet sauvignon, le pinot et le gamay.

Puis les négociants faisaient un mix puis une sélection en fonction du calibre des grains. Densité, grosseur et couleur. Ils ne donnaient jamais le nom du lieu de production mais celui du port de départ des produits.

La culture des poivres ne se fait pas à Tellicherry ou Pondichéry, comme la culture de la vigne ne se fait pas à Porto.

Mais qu'importe. Tout cela devait faire uniquement exotique. Depuis, avec mon équipe et plus particulièrement aujourd'hui avec ma fille Mathilde, nous travaillons très finement à la sélection de ces variétés en recherchant des fragrances et des caractéristiques singulières.

Dans certains cas, cela nous a même amenés à faire replanter par les petits producteurs des variétés quasiment disparues. Ce fut le cas pour le poivre neelamundi : cette liane poivrière avait été abandonnée parce qu'elle était très peu productive. Je me souviens d'avoir pris l'une de ces grappes de grains entre mes doigts et de l'avoir dégustée. Le parfum et le goût étaient uniques, des notes si différentes, des notes végétales avec des arômes d'une grande complexité se développaient en bouche. « Il s'appelle neelamundi, me dit le paysan. Ça veut dire “graine bleue”. »

Ce nom déjà si poétique m'interpella.

Mais il ajouta très rapidement : « Le neelamundi donne très peu de grains et surtout, il est très sujet aux maladies. »

Il ne voulait pas en replanter davantage. Même après que j'eus lourdement insisté, il refusa de lancer une nouvelle culture de cette variété fragile. Je ne réussis pas à le convaincre.

L'année suivante et appréciant de plus en plus ce poivre lors de mes différents essais en cuisine, j'ai à nouveau tenté de lui en reparler. Mais il ne voulait rien entendre. Je décide de cesser d'insister, respectant son refus. À New Delhi, un homme qui travaille dans l'équivalent de l'INRA indien demande à me rencontrer. Il connaissait mon travail et ma démarche pour valoriser les épices de haute qualité.

Alors commence un échange surréaliste où l'homme me tient le discours qu'il tient aux autres importateurs : il parle de volume et grosses quantités. Je lui dis que c'est exactement l'inverse que je recherche. Je recherche des petites quantités de différentes épices de variétés spécifiques au goût subtil et caractéristique. Je tente de faire revivre des variétés disparues. Il semble sonné par notre discussion et m'avoue que d'habitude ces questions n'intéressent personne et qu'il est heureux de pouvoir échanger avec moi.

Je comprends que cet homme possède une connaissance très approfondie et très large sur les épices de son pays.

Puis au bout d'un moment, je ne sais plus comment c'est arrivé dans la conversation, je lui dis : « Moi, ce que j'aimerais, c'est retrouver le goût du poivre que Vasco de Gama rapporta de Cochin pour la première fois, en 1498 quand il rentra à Lisbonne. »

Le spécialiste me regarda alors et me lança : « Ah mais je sais exactement quel est le nom de ce poivre. Hélas, il a complètement disparu. Il s'appelait neelamundi. » Mon sang ne fit qu'un tour. Le neelamundi ! Ce poivre que je suppliais les paysans de réimplanter ! Car ce que ne savait pas cet expert, c'est que je venais de passer une semaine avec les petits producteurs au milieu des collines du Wayanad, et que je savais pertinemment que, contrairement à ce qu'il pensait, ce poivre existait.

Je décidai cependant de ne rien dire au spécialiste mais de retourner voir les petits producteurs pour les convaincre. Je leur expliquais qu'il s'agissait de leur patrimoine vivant, de leur richesse, de l'histoire de leur pays.

C'est pour le neelamundi que les Européens ont traversé les océans. À la recherche de la « perle noire » ou plutôt la « graine bleue ». J'étais tellement heureux. Mais les paysans, moins. Ils m'ont alors jeté un regard dubitatif et ne semblaient pas partager mon engouement. Leur chef repartit sur le manque de productivité de ce plant, sa fragilité. Autant dire, qu'une fois encore, j'avais échoué à les convaincre. Je reviens l'année suivante : rien. Je décide de ne plus aborder le sujet.

Puis j'y retourne deux plus tard, je les rencontre tous mais n'aborde plus l'épineuse question du neelamundi. Mais au moment de partir, le responsable élu de la petite communauté de paysans me demande de le suivre et me dit : « Tiens, viens voir, j'ai quelque chose à te montrer. » Je le suis, il me dévoile une véritable *nursery*, une pépinière de petits poivriers, mille petits pots. Cet homme me lance triomphal : « C'est du neelamundi. »

J'étais très heureux, surtout très heureux pour eux. Ils étaient en train de sauver la variété. Il m'a regardé, jamais je n'oublierai ce regard, et m'a lancé : « On l'a fait surtout parce que l'on voyait que cela te faisait plaisir. »

Et c'est par amitié pour moi, avant tout, qu'ils ont fait revivre leur patrimoine végétal culturel.

C'est une aventure tellement merveilleuse, de liens, de compréhension, d'échanges, de confiance. Toutes ces femmes et tous ces hommes donnent du sens à ma vie aujourd'hui. Quand on a commencé à travailler ensemble, il y a vingt-cinq ans, les hommes quittaient leurs terres faute de ressources suffisantes et face à la crise du poivre engendrée déjà par les débuts des cultures intensives dans d'autres pays tropicaux. Parfois, ils allaient gonfler la population des bidonvilles.

Aujourd'hui l'économie est plus prospère, les enfants sont allés à l'école, puis à l'université. Beaucoup sont revenus après leurs études pour pérenniser cet héritage qui fait leur fierté.

La vie est revenue, un peu comme le neelamundi, cette aventure que nous vivons n'est qu'une goutte d'eau, mais cette goutte d'eau prouve que chacun d'entre nous peut contribuer à changer le monde, à changer des vies et des destinées.

En février 2018, nous faisions la récolte avec nos enfants Mathilde et Hugo ; les deux nouvelles générations se sont retrouvées et vont continuer cette belle histoire. C'est pour moi l'un des plus beaux cadeaux de la vie. Prétendre connaître le bon goût est arrogant et stupide. Cette perception sensorielle est tellement relative, subjective et personnelle. En revanche, promouvoir la diversité comestible de la nature et les différents modes de transformation de ces aliments est le véritable défi majeur de ce début de siècle.

Aujourd'hui le danger est dans la recherche du plus petit commun dénominateur sensoriel pour satisfaire et surtout pour vendre au plus grand nombre (ex : le Ketchup et le Nutella) ; le but de l'industrie alimentaire est de fabriquer un goût assouvissant les sensations organoleptiques primaires. Alors que les goûts du monde sont presque infinis, ils se réduisent trop souvent maintenant à ce que nous trouvons dans la moindre supérette sur les cinq continents. Ce laminage sensoriel et culturel est un véritable appauvrissement civilisationnel du monde.

Comme les musiques, les parfums et les langues, les goûts et les cuisines du monde doivent pouvoir continuer à s'épanouir. Chacun aura une préférence. La cuisine d'une mère reste longtemps la meilleure ; pour moi, devant toutes celles de mes amis cuisiniers multiétoilés, la plus délicieuse est celle de ma femme.

15

Tu respecteras « ta » mer

J'aime à dire que pour grandir dans notre humanité, il nous faut respecter notre mère, celle qui nous met au monde et nous nourrit, l'amer, ce goût intelligent, et la mer, berceau de la vie.

Pourtant, nous en avons mis, du temps, à la respecter. Comme si cette dernière restait toujours frappée du sceau de l'indignité. Dans les croyances celtiques, puis judéo-chrétiennes, elle incarnait le mal. Souvenez-vous, il n'y a pas si longtemps, les Irlandais ont préféré mourir de faim ou émigrer en masse aux États-Unis, plutôt que de se nourrir des produits de la mer alors qu'une maladie avait touché la pomme de terre.

Ils étaient pourtant au bord de l'eau. Ils auraient pu ramasser des coquilles Saint-Jacques, des moules, des huîtres, des coques ou pêcher des crustacés et des poissons.

Mais ils refusaient de manger la mer. Prenons l'Ancien Testament, l'épisode de l'arche de Noé, dans lequel le sauvetage des animaux élus est évoqué, mais où sont donc passés les autres ? Les autres animaux ont été rejetés au fond de la mer. Et que dire de l'iconographie du Moyen Âge ? Ne mettait-elle pas en scène les monstres marins ?

Et cette croyance, mélange de racisme et de peurs ataviques, qui prétendait que si l'on descendait un peu trop au sud, le long de l'Afrique, l'eau se réchauffait, puis entrait en ébullition. Et de blanc on devenait noir.

La mer a toujours été l'objet de fantasmes.

Je pense que c'est ce qui a joué dans sa faible protection. Elle faisait au fond trop peur pour qu'on la respecte comme elle l'aurait mérité.

Pourtant, ce respect que nous devons à la mer est notre premier défi. Mais pour respecter la mer, il faut déjà respecter ses principaux habitants qui orchestrent son équilibre, les poissons. Et commencer par comprendre l'impact de la pêche.

J'aimerais aborder la notion de poisson noble. Quelle est l'origine de ce terme ?

Lorsque nous n'avions pas encore découvert les moyens de produire du froid, il y a à peine moins de soixante-dix années, nous avons logiquement considéré que le poisson noble était celui qui était capable de se conserver sans que le goût se trouve altéré. Il n'était guère question alors de ses qualités organoleptiques à sa sortie de l'eau, tout frais pêché.

Ainsi le roi des poissons fut le turbot et la reine fut la sole car tous deux, pour atteindre leur acmé gustative, devaient attendre trois jours de maturité avant d'être dégustés.

La supériorité de ces poissons est née de leur aptitude à la conservation, érigeant ces derniers au firmament.

On en a oublié les autres : le maquereau, le lieu, le chinchard et une multitude d'espèces.

Enfin chez nous, parce que, au Japon, en revanche, ils en sont friands. Le chinchard est reconnu comme l'un des meilleurs poissons crus. Pendant que nous nous obstinons à proposer des tartares de bar ou autres poissons nobles. Le chinchard, nous le donnons aux chats ! Et comme nous n'avons pas de considération pour ces poissons que nous jugeons au fond indignes d'être consommés, nous les rejetons, morts, à la mer.

Tués pour rien en quelque sorte.

Il est urgent que cela cesse.

Et qu'enfin avant de pêcher du poisson, puis de le manger, nous nous posions la seule question qui vaille : ce poisson est-il durable ou non ?

Mais qu'est-ce qu'un poisson durable ?

Beaucoup trop de personnes pensent que ces animaux sauvages sont si nombreux que nous pouvons encore pêcher durant des décennies. Ils sont dans l'ignorance. Quelques chiffres. Près de 40 % des espèces sont en voie de disparition ou de surpêche et plus de 75 % des espèces pêchées dans les eaux européennes sont surexploitées. Près de 40 % des poissons pêchés dans le monde sont immédiatement rejetés à la mer, morts.

Pour avoir échangé avec plusieurs chercheurs comme Philippe Cury, auteur du remarquable ouvrage *Une mer sans poissons*, je sais que des solutions pour une pêche durable existent. Selon ce scientifique reconnu, il suffit de prendre en compte quatre points pour définir un poisson durable :

– L'état des stocks pour chaque espèce

– La taille minimale en deçà de laquelle il ne faut pas le pêcher afin qu'il puisse se reproduire

– Refuser d'acheter des poissons ayant été capturés au moyen de techniques de pêche trop intrusives qui dévastent l'écosystème marin

– Et enfin, respecter la saisonnalité.

Le respect de ces quatre points permet de mettre en place un cercle vertueux.

En faisant le choix de poissons durables, nous diversifions notre consommation, avec des poissons qui auraient été pêchés puis rejetés morts.

Cette prise de conscience, cet achat réfléchi permet aussi d'aider la filière de la pêche en valorisant des poissons qu'elle ne parvenait pas à vendre. Et pour nous consommateurs, ce geste est non seulement important personnellement puisqu'il nous inscrit dans ce grand cercle vertueux, dans le respect de la planète, mais il l'est également économiquement car ces poissons coûtent beaucoup moins cher tout en étant délicieux tout frais.

Chacun en sort grandi.

Revenons à la taille des poissons.

Alors qu'en Méditerranée, la très grande majorité des espèces est en danger, lors d'une visite au port de Sète, j'ai constaté avec stupéfaction que les queues des lottes étaient grandes comme des sardines.

Choqué, j'en ai parlé à l'un des pêcheurs qui allaient les mettre en vente sous la criée ; il m'a dit sans ciller : « Pour chaque bac de ces lottes trop petites, je risque 1 500 euros d'amende. Mais je continue quand même. »

J'étais consterné devant toutes ces espèces pêchées trop jeunes. Cela veut dire que ces poissons beaucoup trop petits, trop jeunes sont vendus sous la criée, que les responsables de la criée les voient et savent pertinemment que tout cela est parfaitement illégal. Mais on préfère fermer les yeux et continuer. J'ai demandé à ce pêcheur depuis combien de temps il faisait ça ? Il m'a répondu : « Dix ans, au moins. » Autant dire que c'est un miracle qu'il reste encore du poisson.

Quand j'ai raconté cette histoire à des scientifiques, ils m'ont expliqué comment il était possible qu'il reste encore quelques miraculés. En mer Méditerranée, il existe des canyons au fond desquels les gros poissons parviennent encore à se dissimuler. Les poissons ne remontent pas et les pêcheurs ne peuvent pas (encore !) les capturer.

Mais déjà des pêcheurs commencent à mettre des palangres de fond, des hameçons dans les profondeurs, la destruction totale est proche.

En Manche, la situation n'est guère plus satisfaisante, où l'on assiste à une hécatombe des bars durant les mois d'hiver où ils se regroupent en bancs afin de frayer.

Des bateaux, techniquement très affûtés, attendent la concentration maximale de ces bancs et font des pêches considérables de poissons blessés, écrasés, abîmés dans des chaluts énormes. Ces bars sauvages sont souvent bradés avec une qualité gustative très médiocre. Ces prises irresponsables ont entraîné une raréfaction de cette espèce. Lorsque les eaux se réchauffent, les bars reviennent au bord des côtes mais les artisans pêcheurs ligneurs de bars ne font plus suffisamment de prises pour survivre. La pêche récréative des plaisanciers est également affectée même si parfois ces pêcheurs amateurs sont aussi irresponsables.

Manifestement l'humain n'apprend pas de ses erreurs. Nous avons de nombreux exemples de nos erreurs passées qui devraient nous aider pour l'avenir.

Mais nous recommençons, comme dans un mauvais film. Alors que nous savons.

Reprenons l'histoire d'un poisson extrêmement populaire : la morue, le cabillaud en Atlantique Nord. L'histoire de cette pêche, « le grand métier » comme on la nommait, a bercé mon enfance.

La vie économique des ports comme Saint-Malo et Paimpol a longtemps été liée à la pêche à la morue vers l'Islande et Terre-Neuve. En classe de troisième, des copains abandonnaient l'école pour aller à la grande pêche comme terre-neuvas. C'était un métier extrêmement rude mais qui permettait de gagner rapidement de l'argent tellement les pêches étaient abondantes.

Plusieurs nations ont pillé ces bancs immenses de cabillauds. Et puis un jour ils ont constaté que les prises diminuaient régulièrement. Ils ont continué, encore et encore.

Lorsque le stock fut presque épuisé ils décidèrent de stopper cette pêche, persuadés qu'après quelques années sans pêche l'espèce aurait pu se repeupler.

Mais depuis plus de vingt ans, les stocks restent désespérément bas.

Le saccage est chose aisée. Renouer avec la vie, la faire revenir est une autre affaire, beaucoup plus complexe.

En effet, les poissons se développent en bancs, et quand ils fraient, leur nombre doit être suffisamment élevé pour que l'espèce puisse se reproduire. La population n'est plus suffisante d'autant que leur consanguinité est plus sensible que celle des mammifères.

Il faut absolument stopper avec cette inconséquence qui fait que jusqu'à présent on s'est dit : « Ce n'est pas grave si une espèce se raréfie, on en pêchera moins et ça reviendra. » Ça ne revient pas ou très difficilement. Et que dire sur cette attitude que nous avons eue des années durant : on pêchait jusqu'à ce que l'espèce de poisson disparaisse quasiment. Une fois disparue, on recherchait un autre poisson.

La très brève période de pêche des poissons de grands fonds comme l'empereur illustre parfaitement ce pillage scandaleux.

L'importance, la fragilité, la complexité des écosystèmes n'inquiétaient personne sinon quelques scientifiques qui prêchaient dans le vide.

Nous avons anéanti des équilibres millénaires avec nos prédations absurdes.

Pourquoi ? Pour remplir les congélateurs du monde de poissons filetés délavés et insipides.

En supprimant un à un les éléments de la chaîne, nous avons déclenché des catastrophes écologiques en cascade.

Mais qui s'inquiète ? Sous la mer, rien ne se voit. Lorsque nous regardons la mer, elle nous paraît la même en surface. Pourtant, nous l'avons vidée et dans beaucoup d'endroits, quand elle n'est pas encore morte, elle se meurt.

Je suis né au milieu des pêcheurs, et j'ai pu constater la rareté croissante des poissons.

Bien sûr ce ne sont pas eux, ces quelques pêcheurs artisans de Cancale ou des autres ports bretons qui ont créé cette rareté. Elle est le résultat de la grande pêche industrielle, 95 % des prises dans le monde sont faites par

5 % d'industriels extrêmement performants et avides.

Dernièrement l'Europe vient de débloquer des sommes colossales pour renouveler la flotte de ces bateaux-usines pour qu'ils soient encore plus performants dans ce massacre.

Et ceux qui pensent que le poisson d'élevage est la solution se trompent. L'aquaculture met trop souvent en place un cercle vicieux. Pour élever des poissons en cage, il faut les nourrir. Et de quoi les nourrissons-nous ?

De farines de poissons, des poissons provenant de bancs fourragers. Comme si les poissons repoussaient tous les printemps comme les blés.

Comme si leurs destinées étaient désormais de devenir la croquette des poissons d'élevage. Les ratios pour faire un kilo de poissons d'élevage sont édifiants.

Pour faire un kilo de saumon médiocre, il faut cinq kilos de poissons sauvages et pour engraisser un petit thon capturé d'un kilo, il faut près de vingt kilos de poissons sauvages.

Les dommages collatéraux de ces élevages sont dramatiques. Pour nourrir les millions de tonnes de carpes en Chine, des centaines de tonnes d'anchois sont pêchées sur les côtes péruviennes. Aucun de ces anchois si délicieux ne sera mis au sel, leur destin est de finir en farine pour nourrir le plus grand pays piscicole du monde.

Mais au-delà de ces désastres écologiques, engendrés par ces pillages des zones côtières poissonneuses, j'aimerais rappeler que les premiers cas de nouvelles pirateries en Afrique ciblaient ces bateaux de pêche, qui venaient priver de leur subsistance des villages entiers déjà très pauvres. Depuis, les pêcheurs sont partis mais l'habitude est prise d'attaquer des bateaux qui passent au large.

Il me semble parfois que nous vivons dans un monde effrayant où l'ingéniosité de l'homme n'est tournée que vers la destruction. Destruction du bien, pourtant commun, pour l'unique profit de quelques-uns. Arrêtons-nous sur la dernière invention en date : la pêche électrique contre laquelle je me suis engagé aux côtés de BLOOM (association œuvrant pour la préservation des océans). Avec de très nombreux cuisiniers, nous avons affirmé notre refus de tolérer une méthode de pêche irresponsable. Nous étions trop conscients que cette pêche allait mettre à mort nos artisans pêcheurs et dévaster notre culture ainsi que notre patrimoine.

La pêche électrique est une méthode très controversée qui ravage les fonds marins.

Une pêche tellement dangereuse qu'elle est formellement interdite aux États-Unis, en Inde et en Chine.

Depuis 2007, l'Europe a versé plus de 21,5 millions d'euros de subventions à cette pêche sans précédent pour soutenir en particulier une flotte hollandaise qui pourtant déjà très efficace dans ces prises, ne l'était pas suffisamment pour son équilibre budgétaire.

Heureusement cette fois, grâce à la pression des filiales des pêches côtières, des cuisiniers et d'une grande partie de la population, l'Europe a enfin interdit cette pratique.

Comme quoi, nous pouvons faire évoluer les mentalités et peser sur les décisions politiques en nous mobilisant.

Principalement les cuisiniers qui sont les premiers prescripteurs de produits de la mer et doivent en conséquence jouer un rôle majeur.

Au quotidien, chaque commande de poissons durables est une goutte d'eau dans les océans, mais nous devons être fiers de nos prises de conscience et de nos micro-actions. Ces poissons durables qui sortent tout juste de l'eau sont délicieux et il nous appartient d'expliquer ces choix radicaux à notre clientèle. Ainsi nous favorisons les pêches artisanales côtières, pour encore une fois proposer un cercle vertueux.

Depuis près de dix ans, je me suis rapproché d'une ONG « Ethic Ocean » pilotée par Élisabeth Vallet et, avec l'aide du lycée hôtelier de Dinard et l'école Ferrandi de Paris, nous avons lancé un concours à destination des jeunes cuisiniers. Nous souhaitons les sensibiliser pour préserver et défendre les ressources halieutiques en danger.

L'idée de ce concours auquel j'ai prêté mon nom est d'associer un poisson durable à un autre crustacé, un coquillage, durables eux aussi, ou à une algue.

Nous avons été très étonnés de constater combien ces jeunes qui se lançaient dans ce concours étaient heureux de relever ce challenge. Ils se sont approprié immédiatement ce défi pour la bonne et simple raison qu'il leur permet de se reconnecter avec les convictions environnementales dont ils sont totalement imprégnés.

Ils savent, eux, qu'il ne faut pas gaspiller. Ils sont nés avec ces nouveaux problèmes et les ont faits leurs. Les enfants de ma génération étaient trotskistes et maoïstes. Ceux d'aujourd'hui sont écolos et responsables.

Et quand nous leur offrons la possibilité de renouer avec leurs convictions, en les appliquant à travers leurs métiers, ces jeunes sont brillantissimes.

Enfin, lors de la remise des prix de la Journée des océans, parmi les six finalistes se trouvaient deux jeunes femmes qui étaient en reconversion.

La première était designer et la seconde était auparavant acheteuse chez cette fameuse enseigne M… pour la vente à toute la restauration de nourriture en majorité pré-préparée et standardisée.

Cette femme est venue me voir pour me dire combien elle était heureuse de sa reconversion et de cette belle distinction qu'elle recevait ce jour mais elle m'a aussi avoué combien elle n'en pouvait plus de vendre des produits tellement à l'opposé de ses propres convictions.

Mais quel courage faut-il pour se remettre en question et choisir de recommencer !

Voilà la preuve, s'il en fallait une, que cette jeunesse s'approprie ces problématiques et va écrire une nouvelle page de la cuisine.

Dans chaque endroit du monde, chacun de ces jeunes va œuvrer à changer les choses.

Ils vont choisir des poissons locaux et chacun va contribuer, à son échelle, à résoudre au mieux les problématiques qui ne seront pas les mêmes à Cancale qu'à Sète ou à Lisbonne, au Canada qu'au Japon. Comme beaucoup de jeunes, ils veulent avant tout redonner du sens à leur vie, jouer un rôle positif dans la cité. Ils repartent dans leurs écoles ou leurs cuisines et doivent convaincre les plus anciens, les professeurs et les chefs. Un grand nombre de chefs dans le monde commencent à prendre en compte les enjeux environnementaux. Ils prennent soin de bien connaître leurs maraîchers, leurs éleveurs, leurs apiculteurs, certains ont même leur propre potager bio. Mais pour le poisson ?

Pour les bars, les soles, les rougets, les turbots et les crevettes ? Qui est le fournisseur ? Le mareyeur. Et que lui demande-t-on ?

Le plus souvent deux choses. Le poisson est-il bien frais ? Et quel est son prix ? Les lieux de pêche ne sont que rarement abordés et encore moins l'état des stocks, la taille minimale, les techniques de pêche ou la saisonnalité.

C'est pour que notre jeunesse ait conscience de toutes ces problématiques que nous avons voulu proposer ce concours. Pour qu'ils sachent et soient porteurs de ce savoir. Pour qu'ils essaiment et construisent l'avenir.

Ce concours a vu le jour en France, s'est étendu à l'Espagne puis à toute l'Europe de la Hongrie à la Suède.

Cette année pour la première fois il franchissait l'Atlantique pour le Canada.

Mon rêve serait qu'un jour ce concours fasse le tour du monde, pour que nous puissions enfin prendre conscience que cette question de la surpêche ne peut se résoudre au niveau national mais au niveau de chaque mer et chaque océan.

Les poissons sont libres et se fichent des frontières des hommes, encore plus des eaux territoriales.

Lors de longs échanges avec ces jeunes autour de ce concours, j'ai retrouvé l'espoir.

Ils ont une énergie, une clairvoyance, une lucidité et une maturité qui m'impressionnent. Ils ont compris qu'ils pouvaient être les vrais acteurs de demain, sans attendre quoi que ce soit du haut.

À chaque remise des prix, je leur redis qu'ils sont pour moi tous vainqueurs, chacun est devenu à son niveau un sauveteur des océans. Un militant. Riche de symboles, cette remise des prix a lieu tous les ans à l'UNESCO.

Dans les océans, la pêche industrielle n'est pratiquement soumise à aucune réglementation et quand elle existe, elle est peu respectée.

Pourtant cette pêche intensive ne serait déjà plus à l'équilibre économique sans l'exploitation des matelots de contrées défavorisées.

D'autre part, un poisson pêché industriellement a parcouru en moyenne 3 000 kilomètres entre son lieu de capture, son traitement, son stockage en surgélation et votre assiette. Je vous laisse évaluer son bilan carbone.

Enfin, trop souvent, ce morceau blanc, jaunâtre dans l'assiette réussit à dégoûter à jamais nos enfants du poisson. De grands scientifiques ont pourtant déjà proposé une véritable solution. Inscrire toutes les eaux internationales comme réserves naturelles. L'ensemble des populations de poissons pourrait à nouveau se développer et chaque nation retrouverait des eaux territoriales poissonneuses qui permettraient aux pêcheurs côtiers de se développer sans consommer des tonnes de fioul.

Certains qualifieront cette idée d'utopique mais comme chacun le sait, l'utopie est le tout début du refus du renoncement et nous devons à la nature et aux hommes d'être enfin à la hauteur.

16

Tu seras plus chaud que le climat

Les climato-sceptiques soutenus par les puissants réseaux de la pétrochimie considèrent que le dérèglement climatique est inéluctable. Mais ils ne peuvent contester le fait que les gaz à effet de serre comme le dioxyde de carbone, le méthane ou l'oxyde d'azote qu'absorbent le rayonnement infra-rouge émis à la surface terrestre augmentent comme jamais depuis les débuts de la révolution industrielle.

Pour la première fois, l'homme contribue directement au dérèglement climatique.

Les solutions proposées pour diminuer notre empreinte carbone sont nombreuses ; certaines nous invitent à changer nos voitures, nos chaudières, nos logements, nos modes de transports, mais combien nous rappellent que près d'un tiers des émissions de gaz à effet de serre sont directement liées à ce qui se trouve dans nos assiettes ?

Alors que l'empreinte carbone de l'alimentation (27 %) en France est plus importante que celle du transport (26 %) et du logement (24 %), pourquoi les discours sur ce sujet sont-ils si discrets ?

Il nous appartient, sans catastrophisme, d'expliquer les solutions et les opportunités de cette nouvelle situation pour diminuer la part des énergies fossiles dans la nourriture. Regardons de plus près nos assiettes. Pour fabriquer nos aliments, nous utilisons massivement des engrais, des pesticides, des fongicides et des désherbants. Ce n'est pas tout. Pour leur donner du goût, nous avons recours à des arômes de synthèse et des conservateurs. Pour les emballer et les filmer, du plastique. Pour les transporter et les conserver au froid : des énergies, souvent fossiles… Bref ces assiettes modernes regorgent de pétrole, de gaz et de charbon.

L'agriculture, la pêche, l'élevage et la viticulture sont directement impactés par le changement climatique.

Ainsi sur le tiers des émissions de gaz à effet de serre lié à l'alimentation, 60 % proviennent des cultures intensives, des élevages et de la dégradation des sols, et 40 % de la transformation des produits emballages en plastique, du transport et des stockages.

Le modèle économique alimentaire entre les mains de quelques multinationales est dorénavant insoutenable d'autant que la population mondiale doit atteindre 9 milliards d'habitants en 2050.

Chaque pays doit tendre à retrouver une forme de souveraineté alimentaire et ne pas tomber dans le piège du marché du libre-échange qui asservit à terme les petits pour le plus grand profit de quelques gros.

Après l'impasse de l'uniformité, nous devons tendre vers la diversité. Les données scientifiques affirment qu'une transition vers des systèmes agro-écologiques diversifiés peut changer la donne de façon spectaculaire. Il le faudra car nous devons augmenter notre production alimentaire de 70 % pour nourrir ces 9 milliards d'habitants.

Avant tout, nous ne devons surtout pas culpabiliser, ayant tous été entraînés dans ce consumérisme aveugle.

Mais en France, que pouvons-nous faire ?

1- Acheter frais et local.
2- Diminuer notre consommation de produits frais venant des quatre coins du monde toute l'année. Je pense aux tomates et aux fraises... en se rappelant que l'émission de CO_2 du transport aérien rapportée à 1 kilo est près de 30 fois supérieure à celle par bateau.
3- Diminuer notre consommation de viande, surtout rouge, et encore plus des plats préparés.
4- Renoncer aux produits surgelés.
5- Ne plus gaspiller.
6- Voter pour que l'Europe retrouve les clés de l'agriculture et de la pêche en retrouvant un pouvoir décisionnel face aux lobbyings de tous genres.

Cette fois encore, les chefs du monde doivent ouvrir des pistes pour aider chacun à relever ce défi comme une opportunité. Avec tous les chefs du monde de l'alliance Slow Food et des Relais & Châteaux nous nous sommes engagés dans le mouvement « Food for change ».

Comme nous regardons le prix de chaque produit acheté, nous devrions connaître l'empreinte carbone de chacun. Cette prise de conscience fait du bien, en redonnant à chacun un rôle majeur dans la vie de tous les jours.

Mais dans l'expression « chaud devant ! » employée dans les cuisines, l'URGENCE est évidente, nous le savons tous.

17

Tu ne gaspilleras point

J'ai cette chance d'être né au milieu des pêcheurs et des paysans. D'être né dans une famille où l'on devait faire attention.

Mon grand-père maternel, Eugène Chouan, un des plus gros épiciers en gros avant la Seconde Guerre mondiale qui avec ses camions Citroën alimentait les milliers de petites épiceries en Bretagne (dont celle de la famille Leclerc), me rappelait toujours cette phrase qui a marqué ma vie : « Finis ton pain, il y en a trop qui n'en ont pas. »

J'ai grandi dans une maison bourgeoise. Mais qui fut obligée de compter. Le départ de mon père médecin a en effet signé le début de difficultés financières pour ma mère alors que j'avais treize ans. Il n'est pas question de faire pleurer dans les chaumières sur mon cas. Mais de mettre au jour l'importance à un moment de sa vie de devoir « faire attention », et de prendre conscience qu'on ne peut pas gaspiller des ressources qui ne sont pas inépuisables. Les liens que j'ai pu nouer avec les petits producteurs d'ici, ou d'ailleurs, m'ont également enseigné la fragilité de la vie. C'est la beauté de ces gens que l'on dit « de peu » et qui sont « de tout » : qui n'ont presque rien, et qui vous donnent tout.

J'ai eu la chance de les côtoyer, de vivre avec eux. Tout ceci m'a permis de forger mes convictions. En rien je ne cherche à être moralisateur, mais je souhaite juste ouvrir une fenêtre sur autre chose que ce monde de la surconsommation qui nous fait oublier l'essentiel. Mes rencontres avec tous ces anonymes d'une telle grandeur d'âme m'ont poussé, en toute humilité, à me demander si je pouvais tenter de me hisser à la hauteur de ces personnes. De ces femmes et de ces hommes capables d'une telle sagesse, d'une telle sérénité, d'une telle plénitude. De ces gens qui te donnent envie de leur ressembler. Dans ce monde-village où tout se sait, où aujourd'hui ceux que nous avons longtemps appelés les exclus observent les inclus que nous sommes. Par respect pour nous-mêmes, si ce n'est des autres, nous devons drastiquement diminuer le gaspillage alimentaire. Ce chiffre effrayant de 40 % d'aliments produits mais non consommés me hante.

À la sortie des champs des producteurs de légumes, nous élimons plus de 30 % des fruits et légumes parce qu'ils ne font pas le calibre et ne possèdent pas la forme des standards de la grande distribution. Je vous laisse imaginer la quantité d'eau perdue et très souvent les traitements polluants épandus et qui s'écoulent dans les nappes phréatiques.

Nous sommes déjà très conscients que cette alimentation de pré-préparé engendre qu'une quantité de produits colossale doit être jetée après avoir dépassé la date limite de consommation. Sans compter les tonnes de nourriture qui remplissent les poubelles des cantines et réfectoires, tout simplement parce que ce n'est pas bon.

Et nous-mêmes, au quotidien nous avons tous des gestes peu glorieux. Qui n'a pas jeté des pâtes après en avoir trop cuit ?

Pourtant un gratin de pâtes avec un peu de fromage râpé ou une simple salade avec un reste de pâtes peuvent être délicieux.

Le gaspillage est aussi lié aux modes de service en restauration en particulier le fameux service à l'assiette.

Que vous soyez pilier de rugby ou jeune danseuse, vous avez exactement les mêmes portions dans vos assiettes.

Les services à la française ou à l'anglaise, ou tout simplement le plat au milieu de la table permettent à chacun de se servir selon son appétit.

Une multitude d'associations ou d'initiatives privées prennent à bras-le-corps ces problèmes en tentant d'apporter des freins à ce gaspillage tant au niveau de la production, de l'achat du produit, de la consommation que du recyclage. Les banques alimentaires développent des actions remarquables.

J'ai eu la chance de participer à l'élaboration d'un dîner pour des sans-abri et des migrants au *Refettorio* qui est un restaurant solidaire situé dans la crypte de l'église de la Madeleine à Paris.

Aux côtés d'hommes comme Jean-François Rial et le jeune chef Maxime, avec quelques personnes de mon équipe, nous avons vécu un moment extrêmement sensible.

Je suis allé en toute humilité, comme simple commis de Maxime, ce chef de vingt-neuf ans qui, lui, cuisine quotidiennement pour toutes ces personnes en situation de précarité extrême. Tous les jours, il attend de la part de la banque alimentaire et de ses autres partenaires, d'apprendre quels ont été les invendus, et ce qu'il va pouvoir cuisiner.

Tous les jours, il relève ce défi. Et quel défi ! Avec mon équipe, nous attendions sous ses ordres afin de savoir de quelles denrées nous allions disposer et ainsi d'imaginer ce que nous pourrions cuisiner et servir à 18 h 30.

Mais le temps passait. Et il ne se passait rien. Onze heures ! Midi ! Toujours rien. À midi et demi, il me dit : « Une grande surface nous donne de la volaille qui a une date de péremption de quarante-huit heures. » Le temps s'écoule encore, inexorablement. 13 h 30. La volaille seule, était certaine.

Un nouveau coup de fil. Une autre grande surface nous propose des melons ! Nous étions en avril. Et il y avait aussi des fraises.

Tout cela est à la limite du mangeable à mes yeux, mais rien n'était abîmé. Il y avait aussi des navets, deux sacs d'oignons. Un peu de semoule. Quatre packs de coulis de tomates, des bananes vertes qui ne mûriront jamais, un peu de roquette.

C'était tout. Je lui demande combien de repas devaient être servis. Il me répond calmement : « Entre cinquante et cent personnes. » Je commençais à avoir des sueurs froides. Comment faire ? Que faire de ces ingrédients ? Nous nous sommes mis à gamberger. Heureusement j'étais venu avec un grand sac d'épices, sachant que les banques alimentaires ne proposent jamais d'épices, que je devais leur laisser pour les semaines à venir.

Dans la cuisine, même une gousse d'ail était introuvable. Il n'y avait quasiment rien. Et pourtant, chaque jour, ces héros du quotidien, tous ces bénévoles, doivent se débrouiller avec ce qu'ils ont.

Et l'exercice de faire bon avec des produits qui sont évidemment comestibles, mais qui sont loin de l'excellence, est un immense défi. Nous avons commencé à travailler le demi-sac d'oignons. Nous avons fait un coulis de tomates saupoudré d'un peu de piment du Rajasthan. On a safrané la pulpe de melon. Nous avons ajouté un poivre blanc de Kampot, servi un peu de roquette.

Apollonia Poilâne avait quant à elle apporté du pain, ce qui nous a permis de faire des petits croûtons frits avec le curry corsaire. Aussi nous avions un gaspacho à température ambiante, pas froid, pas chaud, gaspacho tomate, fraises, melon, roquette et croûtons. Et il restait de la veille un peu de chou romanesco, que nous avons cuisiné en aigre-doux. Le plat avait belle allure. Et puis, nous avons fait mariner les blancs de volaille dans un mélange d'épices, que nous avons accompagnés de semoule et de quelques oranges confites. Pour les oignons, j'ai eu envie de réitérer une expérience que j'avais menée des années auparavant. J'ai passé trois heures à remuer et remuer encore une imposante tombée d'oignons. Je voulais qu'ils soient un peu plus que caramélisés. Pas brûlés, mais pas loin. Pas dans l'amertume, mais avec un peu d'amertume. L'idée était de retrouver le goût d'une sauce viande. Même couleur et même goût puissant. C'était au final une sauce végane. Une sauce viande sans viande. Pour le dessert nous avons fait un joli caramel au beurre salé, nous avons confit les bananes dans leurs peaux, puis les avons fendues et déglacées au jus de citron. Une bilig nous avait été prêtée et nous avons fait des crêpes au milieu des invités. C'était juste suspendu.

Avec mes jeunes, nous sommes très fiers d'avoir modestement participé à cette soirée.

Mais il faut avoir la décence de se dire et de dire : « Oui, nous le faisons, mais c'est avant tout pour mettre en lumière et saluer tous ceux qui le font anonymement depuis des années, dans des lieux beaucoup moins symboliques que la Madeleine et dont on ne parle jamais ».

Mettons à l'honneur ceux qui le vivent au quotidien : des Restos du cœur, en passant par le Secours catholique, à Emmaüs, et tant d'autres encore.

Le gaspillage de nos sociétés est indécent, la jeunesse du monde ne l'acceptera pas. Cette terrible et implacable injustice entre les repus qui font déborder leurs poubelles et les milliers d'affamés ne nous taraude-t-elle pas au plus profond de nous-mêmes ?

Pourtant, au quotidien, les frivolités et le superflu nous aspirent dans le tourbillon de la surconsommation.

J'ai honte... et je dois finir mon pain !

18

Être éthique, c'est joyeux !

C'est un adage qui peut sembler paradoxal que je souhaiterais rappeler à la nouvelle génération de cuisiniers. S'ils veulent rayonner d'abord pour eux-mêmes mais aussi pour les autres, s'ils veulent faire rêver à travers leur cuisine, il faudra nécessairement que cette cuisine soit joyeuse, onirique et éthique.

Être éthique n'est pas être ennuyeux. Au contraire face à la situation de la planète et le devenir de l'humanité, c'est la possibilité de découvrir un nouveau terrain de jeu, de nouveaux gestes, c'est un moyen d'émancipation extraordinaire par rapport au vieux monde.

Cette cuisine éthique nous porte vers de nouvelles aspirations, un nouvel espace de libertés guidé par de profondes convictions et des désirs neufs.

Comment pouvons-nous continuer à imaginer et faire une cuisine qui empoisonne l'homme et son environnement ? Heureusement, notre jeunesse est déjà pétrie par ces questions éthiques. Ces jeunes ne savent pas encore assez comment les mettre en pratique mais le jeu est maintenant ouvert. Maintenant consciente de la fragilité de la planète et de son garde-manger, cette jeunesse doit mettre en accord et résonance ses convictions avec le milieu qu'elle occupe. Sans quoi, nos jeunes auront juste l'impression de faire un métier qui les ennuie et qui ne leur offrira aucunement la possibilité de donner du sens à leur vie. Pourtant, donner du sens à sa vie devrait être notre première quête. Ceux qui ont vingt ans le savent et en sont intimement persuadés. Quant à ceux de trente-cinq ans, à qui on a demandé d'être les premiers dans les petites classes, de faire des études supérieures, d'obtenir les plus beaux diplômes dans les grandes écoles, puis d'entrer dans une grande société, et de gravir les échelons au plus vite, d'avoir tout fait bien, ils se révoltent, dès le premier arrêt image, et analysent leur vie. Beaucoup veulent maintenant autre chose. Après avoir franchi tous les échelons sociaux, ils se retournent et se disent : « Quel ennui ! » Un grand nombre sont à la recherche d'un autre mode de vie. Ils se lancent souvent courageusement dans un apprentissage manuel. Ils deviennent boulangers, éleveurs, maraîchers, charpentiers, soudeurs, pêcheurs, vignerons. Soudainement, ils savent ce qu'ils veulent : redonner du sens à leur vie. Ils s'ouvrent alors au monde, aux autres et à eux-mêmes. Autrefois, on quittait son village pour monter à la ville.

Cette jeunesse qui prend en main les destinées du monde a compris que le siècle de la compétitivité est révolu et que celui de la complémentarité sinon de la solidarité apparaît.

Nous allons plus vivre une RENAISSANCE que la fin d'un vieux monde. Contrairement à ce que pensent les xénophobes, on ne rétrécira plus jamais l'horizon de ces jeunes. On ne refermera plus jamais les frontières sur eux même si certains vieux inconséquents tentent actuellement d'ériger des murs.

Un libre-échange des marchandises ne peut plus survivre *sans* un juste échange. Le droit international ne peut plus être rédigé par les plus forts, permettant à ces derniers d'être immoraux tout en étant dans la légalité.

L'humanité comprend que les biens communs comme la Terre, l'atmosphère et les océans doivent être préservés, faute de quoi elle se mettra en danger. L'obsession du profit devra se dégonfler et la réduction des inégalités est nécessaire pour la paix et la vie sur cette planète.

Quel beau projet à vivre.

J'aimerais avoir vingt ans.

19

Tu prendras le donjon

Ma mère me disait toujours ceci : « Quand on n'est pas d'accord : soit on se tait, soit on s'en va, soit on prend le donjon et on tente de changer les choses. »

Aussi me suis-je toujours scrupuleusement tenu à son injonction.

J'ai ainsi accepté de me présenter en qualité de vice-président de l'association des Relais & Châteaux aux côtés de Philippe Gombert.

J'ai entendu des détracteurs m'opposer tous les risques de dérives que pouvait représenter ce type d'organisation. Certes. Mais le plus grand des risques n'est-il pas l'inaction ?

Cette association à but non lucratif regroupe plus de cinq cent soixante maisons dans le monde, dont la plupart sont des « hôtels-restaurants », mais plus de cent sont des restaurants uniquement. Cet organisme international regroupe les meilleurs chefs, maîtres d'hôtel et sommeliers dans plus de soixante-deux nations.

Une forme d'ONU des artisans hôteliers-cuisiniers du monde. Plus de 42 000 collaborateurs sur les cinq continents animent ces maisons de grande qualité.

Comment aurais-je pu refuser ce mandat comprenant que je pourrais peut-être avec d'autres convaincre tous les membres de faire évoluer modestement les choses ?

Imparable.

Je suis entré dans le donjon et j'ai apporté mon total soutien à un président qui a parfaitement compris quels rôles nous pourrions jouer face aux défis humains, environnementaux et culturels.

Nous avons souhaité impulser des changements notables et nous inscrire dans une démarche durable.

En novembre 2014, l'association fut accueillie par l'ambassadeur des droits de l'homme dans le monde et nous avons présenté un Manifeste à l'UNESCO comprenant vingt engagements pour contribuer à un « monde meilleur par la table et l'hospitalité ».

Les chefs reconnus ont un rôle capital à jouer. Ils sont célèbres et écoutés. Ils sont des exemples pour tous les autres cuisiniers de leur pays. Sachant que plus de la moitié des repas sont pris hors foyer dans les villes, les cuisiniers sont les premiers prescripteurs. Sauf que la réalité n'est pas toujours reluisante. Que les cantines comme les EHPAD servent le plus souvent des repas inacceptables.

Tout simplement parce qu'ils font avec les moyens du bord. Or ces moyens sont sans cesse réduits. Sans compter que sous couvert d'hygiène, de réduction des coûts et des risques, on « invite » – c'est un euphémisme – les mairies à préférer toujours le moins disant en s'éloignant encore un plus du local et du durable. Et que la très grande majorité des restaurants et brasseries se fournit trop souvent chez les grossistes de produits en sachets, en poudre ou standardisés. Résultat : on retrouve partout la même nourriture aseptisée et uniformisée.

Face à tous ces constats, au sein de l'association des Relais & Châteaux, il nous est apparu crucial de valoriser et de préserver la diversité des cuisines et des hospitalités du monde.

Indispensable aussi de lutter contre la standardisation excessive et l'uniformisation. Notre démarche repose sur le triptyque suivant : partage, transmission et préservation des ressources. Et je souhaite vous faire partager une partie du contenu de ce Manifeste :

« Nous rêvons d'un monde meilleur, par la table et l'hospitalité. »

Car l'humanité, riche de ses différences, partage et transmet à chaque nouvelle génération, partout dans le monde, deux traditions : la table et l'hospitalité. Ces deux traditions ont participé de tout temps à l'art de vivre et à la paix dans le monde. La table et l'hospitalité doivent en conséquence, et en permanence, être à la fois préservées et revivifiées pour continuer à jouer ce rôle essentiel dans le bien vivre ensemble.

La cuisine est, depuis quelques années, confrontée à différentes évolutions négatives. La nourriture industrielle a des impacts inacceptables sur l'environnement et sur la santé des consommateurs, les pratiques alimentaires se dérèglent au détriment du bien vivre de chacun. Par ailleurs, de nombreux cuisiniers s'engagent dans une succession de modes peu cohérentes et souvent extrêmes. La fuite de certains vers un luxe toujours plus ostentatoire et standardisé éloigne la cuisine de son rôle et de son véritable potentiel.

Nous sommes, chez Relais & Châteaux, tous des artisans, héritiers de la grande histoire culturelle de l'hospitalité et des cuisines du monde et nous faisons le choix d'être fidèles à la mission que nous nous sommes donnée : préserver et transmettre la singularité des cuisines, pour éviter le renoncement et la facilité qui guettent nos civilisations de l'immédiat ; rappeler tous les jours, par notre pratique d'artisans, que notre humanité s'exprime et se ressource toujours dans le partage du beau et du bon.

L'émotion d'une saveur associée à la magie d'un lieu et à l'authenticité d'un accueil, voilà le socle sur lequel nous appuyons notre conviction pour que le monde soit meilleur demain.

Nos maisons sont à la fois des sentinelles, garantes de ce que le terroir a de plus précieux, et des éclaireurs ouvrant la voie à la cuisine de demain, créative, responsable et engagée.

Nous devons proposer une cuisine en résonance avec un lieu, où la sincérité des hommes et des femmes qui la font et qui la servent reste la règle d'or. Nous avons pour cela à nous associer aux paysans et aux pêcheurs, autour de la planète, pour protéger le garde-manger de l'humanité, sauvegarder la biodiversité des espèces animales, des légumes et des fruits, respecter les saisons. Plus encore, nous devons tous, en toute liberté, sauvegarder et promouvoir la diversité culturelle des cuisines et des hospitalités dans le monde comme un patrimoine immatériel de l'humanité.

Nous devons œuvrer chaque jour à promouvoir le beau, le bon et l'unique. Et veiller à ce que ces moments d'exception ne soient pas un luxe réservé à une élite mais une richesse partagée avec tous ceux qui participent à cet écosystème original.

Nous devons partager la valeur ajoutée avec plusieurs communautés, les petits producteurs de toutes les contrées où nous sommes installés, souvent les plus isolées du globe, les centaines de jeunes que nous accueillons dans une première phase de compagnonnage, auxquels nous transmettons un métier et des compétences universelles, nos collaborateurs avec qui nous formons une communauté de travail unie dans la même ambition, et tous les territoires au sein desquels cet écosystème rayonne.

Nous devons être les acteurs d'un monde plus humain. Oui, plus humain parce que plus sensible et plus attentif à ces « détails du monde » que peuvent sembler être la table et l'hospitalité, et qui sont en réalité les fondements d'une humanité pacifiée et ouverte au monde. Nous mènerons ce combat avec tout allié qui considère comme nous qu'il vaut la peine d'être mené. « Vingt engagements pour la table et l'hospitalité », pour faire des arts de vivre « le dixième art » !

C'est ce mouvement de préservation et d'inspirations en faveur d'un monde meilleur, plus juste, plus sain et plus joyeux, que la grande famille Relais & Châteaux a décidé d'impulser, pour participer au réenchantement du monde.

Depuis nous sommes mobilisés officiellement :
– Contre la fusion Bayer-Monsanto
– Pour la défense des semences libres
– Pour la protection des stocks de thon
– Contre la pêche électrique en Europe

Pour une révolution délicieuse

Nous sommes unis à Slow Food International et à l'ONG Ethic Ocean

Tentons de réchauffer les cœurs plutôt que sûrement la planète.

20

Tu deviendras un carnivore frugal

Pour nourrir la planète, il nous faudra devenir des carnivores frugaux.

L'avenir nous portera naturellement vers une alimentation plus végétale. Notamment parce que pour produire une protéine animale, il faut plus de dix protéines végétales.

Je vous le dis avec d'autant plus de franchise que j'apprécie de temps en temps une belle côte de bœuf.

Mais la viande que j'aime est issue de nos beaux élevages de France, ces élevages extensifs qui façonnent nos territoires. Pas de l'industrie de la viande, de ces épouvantables usines à protéines animales, servies et aidées par les traités de commerce multilatéraux. Dans ces élevages, qui n'ont d'élevage que le nom tant il s'agit de locaux concentrationnaires où les animaux sont souvent martyrisés et réduits à l'état de machines.

On ne parle plus de viande mais de protéines. On ne parle plus d'éleveurs mais d'exploitants de la terre, de l'eau, des animaux, du vivant. Dans ma Bretagne, comment pouvons-nous accepter que pour produire des poulets de batterie destinés aux marchés des Émirats arabes, nous importions du soja OGM ayant été produit après la déforestation d'une partie de l'Amazonie ? Le résultat est un animal martyr, des pollutions extrêmes, tant au Brésil qu'en Bretagne, une viande sans goût, sans texture, chargée en antibiotiques et autres résidus. Ces productions animales ne peuvent continuer. On peut comprendre que des citoyens, les végans, aient réagi si violemment, et soient en quelque sorte allés à l'autre extrême. Même si je considère qu'ils vont eux aussi trop loin désormais.

Mais ma première réaction a toujours été de dire que j'étais satisfait que ce mouvement soit apparu. Ces femmes et ces hommes ont joué un rôle de lanceurs d'alerte et ils ont permis de faire avancer le combat contre la maltraitance animale.

Grâce à eux, la question du bien-être animal est devenue primordiale. Et aujourd'hui, tous ceux qui apprécient la viande sont contraints de s'interroger sur la provenance de celle qu'ils mangent et de se poser la question éthique de savoir s'ils peuvent manger cette viande issue d'une usine où les animaux sont maltraités. Pour autant, je ne néglige pas les questions du pouvoir d'achat qui obligent malheureusement certains de nos concitoyens à rechercher les prix les plus bas. Mais aujourd'hui personne ne doit fermer les yeux sur la maltraitance.

D'autre part, la concentration excessive et l'obsession de faire grossir au plus vite l'animal entraînent un recours aux médicaments et en particulier à des quantités d'antibiotiques considérables. Nous en arrivons à créer ce que l'on appelle des bactéries multirésistantes, autant dire des bactéries que l'on ne sait plus combattre avec des antibiotiques.

Rappelons que l'antibiorésistance fait plus de trente mille morts en Europe chaque année.

Cependant certains végans deviennent caricaturaux. S'en prendre comme le font certains extrémistes aux petits élevages et aux bouchers de quartier, c'est non seulement dangereux, absurde, mais également idiot : ils se trompent de cibles dans leur combat. Ce ne sont pas ces artisans de la bonne chère qu'il faut poursuivre avec véhémence. Ceux-là, au contraire, il faut les soutenir.

Par contre, il faut continuer à se mobiliser contre les élevages concentrationnaires.

Enfin pour clore sur ce mouvement végan qui est peut-être plus une revendication politique contre le surconsumérisme, il me semble qu'il touche avant tout des communautés urbaines.

Or dans les villes, nous avons totalement occulté la mort. On ne la voit plus, on n'en parle plus. Même plus un oiseau mort. Et l'on finit par totalement oublier l'ambivalence de la vie et la mort. Le monde urbain ne penserait-il plus à la mort ? Comme l'adolescent pense qu'il est immortel ?

Dans ce cas, je comprends qu'il ne puisse apprécier un morceau de cadavre dans un plat au milieu de la table…

Mais alors, ce monde urbain, voulant toujours être jeune, ne ferait-il pas mieux de mûrir un peu ? Ou de retourner plus souvent dans la vraie campagne peuplée de plus en plus de jeunes agriculteurs et d'éleveurs responsables ayant les pieds dans la terre et les yeux vers le ciel ?

Les experts reconnaissent que nous avons tous une aversion pour la viande à un moment de notre petite enfance. Si nous ne voulons plus avoir de haut-le-cœur, des haut-le-cœur parfois plus hauts que des vagues scélérates, il nous faudra porter une réflexion sereine sur la consommation de viande en balayant les points suivants :

– Excès de viande dangereux pour la santé

– Occupation considérable des terres arables dans le monde

– Consommation colossale d'eau

– Consommation indécente des polluants de la pétrochimie

– Consommation de médicaments induits inacceptable

– Très forte émission de gaz à effet de serre de l'ordre de 10 % accélérant le dérèglement climatique

– Maltraitance animale scandaleuse

– Revenus tellement faibles de ces éleveurs intensifs

Au regard de toutes ces questions, chacun comprend que nous n'allons plus consommer la viande comme autrefois, mais que nous rechercherons des viandes de grande qualité élevée avec soin pour la bête, la terre et nous-mêmes et que certainement elle sera plus chère, mais nous en mangerons moins souvent et avec plus de plaisir.

Rappelons-nous également que tuer un animal à sang chaud a toujours revêtu un caractère exceptionnel dans notre culture. C'était un rite de partage, voire de sacrifice. On tuait le cochon, l'agneau, le bœuf pour mieux le partager ensuite.

Évidemment, aujourd'hui l'escalope de dinde insipide dans sa barquette de plastique ne revêt pas le même message.

Il n'en est pas moins vrai que nous sommes toujours ambigus dans notre rapport à l'animal, comme nos amis anglais : *pig and pork, chicken and hen, sheep and lamb*…

Nous tentons toujours de nommer autrement celui que l'on caresse et celui que l'on mange.

Moi-même, ayant participé avec mes amis corses à l'abattage d'un porc. Or, il n'y a pas un animal qui nous ressemble plus que le cochon.

Ne l'ayant jamais fait auparavant, je reconnais avoir été impressionné. Pour tuer ce pauvre cochon, il fallut que je le poignarde en plein cœur. Je l'ai fait et ne le referai plus jamais. Ce n'est en aucun cas anodin. Et je pense qu'au fond, chaque fois que nous mangeons de la viande, nous devons être conscients que ce n'est pas anodin.

Je dois également évoquer une fausse solution, la « *clean-meat* ». Le grand capital, qui investissait hier dans les élevages intensifs, investit aujourd'hui des millions de dollars dans des start-up pour la production de produits agro-cellulaires, de la viande cellulaire *in vitro*. Les mêmes ou leurs pères, qui ont développé les industries à protéines animales avec pour conséquence une violence intolérable à l'égard des animaux et une pollution énorme, dénoncent aujourd'hui cette activité à grand renfort de campagnes médiatiques et culpabilisent ceux qui mangent de la viande, même de la viande de grande qualité.

Cette campagne m'inquiète, la fabrication de cette pseudo-viande reste très opaque et j'aime savoir ce que ces très gros investisseurs (Google, Apple, Facebook, Amazon,

Microsoft) veulent nous faire avaler sous le nom de « viande propre ». En voulant créer des aliments artificiels, au nom de la protection animale et pour éviter la mort de l'animal, demain celle de la plante, n'allons-nous pas supprimer la vie, le vivant ?

Ces hommes ne veulent-ils pas s'approprier l'alimentation du monde ?

Inexorablement nous allons devoir faire évoluer nos manières de nous alimenter.

Mais au lieu de le déplorer, réjouissons-nous. Quelle audace, quelle créativité il va nous falloir développer pour créer, et imaginer cette nouvelle cuisine !

Encore plus en rupture que celle que nous avons vécue dans les années quatre-vingt. Enfin nous allons pouvoir relever ces nouveaux défis pour nous et la planète. Et chaque cuisinier va voir s'ouvrir un nouveau terrain de jeu. De nouveaux souhaits, de nouveaux réflexes, de nouveaux codes, de nouveaux goûts.

N'oublions pas que les cuisines ont toujours évolué et furent le reflet de leur époque. La cuisine du Moyen Âge n'était pas celle de la Renaissance, ni celle du XVIIIe. La cuisine s'est toujours adaptée, réinventée.

Pour nous ce nouvel enjeu, c'est la défense de notre planète, pour nos enfants. Quel défi !

Nous ne reviendrons pas en arrière mais nous irons de l'avant ensemble pour une cuisine saine, éthique et joyeuse.

Nous allons puiser dans toutes les connaissances scientifiques que nous avons désormais accumulées pour produire des aliments bons en s'aidant de la nature et non en détruisant la nature, en prélevant dans les océans sans les piller et pour améliorer notre nutrition. Nous créerons des recettes délicieuses et inédites entre féculents et protéines végétales.

Nous jouerons avec des variétés oubliées de fruits, d'herbes, de légumes, de céréales, de fruits à coque, d'algues et d'épices.

Nous allons imaginer une cuisine pour réparer notre planète et notre santé mais surtout pour notre vrai plaisir.

Ce sont de nouveaux arts de vivre qui s'ouvrent à nous.

Des arts de vivre sûrement plus conscients, respectueux de l'autre et du vivant, plus solidaires.

Pour éprouver du plaisir, ils devront mettre en lumière la question du gaspillage. Celle de la décence.

Des arts de vivre que chacun d'entre nous construira localement, en fonction du lieu où il se trouve, de son sol, de son climat et de son histoire.

Toute une jeunesse est aujourd'hui en train de revenir dans les campagnes. Pour revivre, pour les faire revivre et aussi pour certains afin de mieux nourrir ceux qui sont restés à la ville.

Ces cuisines saines, éthiques et joyeuses constituent la véritable Renaissance. Nous allons cesser d'être des consommateurs pour redevenir des mangeurs.

21

Le plaisir de boire

Quelle boisson pour nous hydrater ?

L'eau douce est naturellement très rare, elle représente moins de 3 % de l'eau sur la planète et 70 % se trouve dans les glaciers.

La quête de l'eau potable est déjà un enjeu majeur pour la survie d'une partie de l'humanité. La pénurie d'eau tend à s'accentuer dans beaucoup de régions du monde : Inde, Autriche, Californie, Espagne et dramatiquement en Afrique.

Dans les pays occidentaux, les stations d'épuration pourtant de plus en plus perfectionnées retraitent les eaux sales en eau potable mais l'aggravation des pollutions tant dans les eaux des nappes phréatiques que celles des eaux usées, laisse dans l'eau du robinet des résidus d'intrants chimiques ainsi qu'une charge hormonale entraînant des risques de stérilité à long terme. L'alternative à l'eau du robinet est pour beaucoup l'eau minérale ou de source, la première était autrefois réservée aux biberons des nouveau-nés. Je reconnais que nous pouvons être perturbés voire angoissés face à cette eau du robinet pas toujours potable et ces eaux conditionnées dans des bouteilles en plastique appartenant en grande majorité à quelques multinationales, peu scrupuleuses des populations habitant les endroits où se situent les sources. Les tonnes de plastique dans le monde sont en grande partie la conséquence de notre consommation d'eau dans des bouteilles en plastique parfois doublé de l'utilisation d'un gobelet en plastique. Cette masse rejetée à la mer crée de véritables îles immenses où le plastique se retrouve sous forme de microparticules dans la chair des poissons de l'Arctique à l'Antarctique. Boire l'eau fraîche d'un puits, d'un torrent, d'une source jaillissant de la terre ou d'une faille dans la roche reste l'un des plus grands plaisirs gustatifs.

Ayant été goutteur d'eau pour l'une de ces multinationales propriétaires de nombreuses marques d'eau minérale, j'ai compris que l'eau pouvait être l'apogée du plaisir ; la porter en bouche, la garder en bouche, déglutir et respirer à nouveau.

Elle peut avoir le goût du sérum, de la terre, et peut avoir plusieurs milliers d'années.

L'eau possède en elle le mystère de la vie, on oublie trop souvent sa dimension cristalline et amniotique du tout début de notre planète. J'aime entendre les plus grands experts en saké qui considèrent que les plus grands sakés sont ceux qui se rapprochent du goût de l'eau des origines.

J'aime également lire l'un des plus grands vignerons en Champagne, Anselme Selosse, lorsqu'il écrit que, ce qui l'intéresse, « c'est l'idée d'eau de roche, la notion de transparence ».

J'évoquerai rapidement ces milliers de personnes dans le monde qui ne peuvent s'hydrater sans boire une boisson sucrée, un « jus » ou pire, une « gazeuse », toujours sucrée avec des arômes et colorants de synthèse.

Et puis enfin le vin, les vins.

Ces dernières années, nous avons assisté plus particulièrement en France à une véritable prise de conscience et une révolution contre les *diktats* et codes établis dans le monde du vin. Souvent de jeunes vignerons, dans les voies ouvertes par des pionniers comme Marcel Lapierre ou Anselme Selosse, se sont à nouveau souciés de l'essentiel, le raisin. Ils ont redonné vie à leur sol en abandonnant les engrais chimiques, les désherbants, les insecticides et les fongicides. Ils ont observé et ont souhaité ressentir leur sol et le vivant de la vigne. Les raisins récoltés furent plus sains et les levures indigènes ont permis le développement de belles fermentations, l'ajout de soufre devenant très limité sinon inutile. Tous ces vins souvent appelés « nature », même si l'adjectif est inapproprié, la connaissance, l'expérience et le talent de l'homme étant nécessaires, se caractérisent par une fraîcheur retrouvée.

La bonne nouvelle de ce nouveau vignoble français est très encourageante.

Ils ont dû s'affranchir des règles imposées par l'administration, des lobbies et de l'enseignement reçu dans les écoles de viticulture. Ils ont renoué avec le bon sens de la terre et du vivant en élaborant des vins vrais.

Quel courage !

Quelle leçon !

Quelle belle nouvelle !

Aujourd'hui toute une jeunesse du monde apprécie ces vins, de Tokyo à Copenhague en passant par Paris ou Rome et jusqu'à San Francisco.

Ces jeunes laissent de côté les étiquettes les plus prestigieuses non pas à cause de leur prix indécent, mais parce qu'ils n'aiment pas ces vins conventionnels qui ne sont pas bons ni au goût, ni pour leur santé. Ces vins sont standardisés, asphyxiés et morts.

Ce sont souvent ces mêmes jeunes qui apprécient comme jamais la diversité des cafés du monde en les préparant avec patience et minutie. Un comble où certains pensent que le luxe du café c'est celui qui est encapsulé de toutes les couleurs pour être servi en expresso, en imaginant croiser le regard d'un acteur célèbre.

Ce sont les mêmes aussi qui apprécient les bières artisanales et locales et qui rejettent totalement ces marques internationales qui ont oublié le vrai goût de la bière.

À l'origine pourquoi une telle remise en question ?

Les terres agricoles françaises représentent 52 % du territoire national.

La vigne occupe 3 % des surfaces cultivées. L'industrie de la vigne utilise 22 % des intrants en molécules de synthèse de la totalité des produits de synthèse utilisés pour l'agriculture.

Comment continuer à boire un liquide obtenu à partir de raisins qui ont nécessité près du quart de la totalité des produits chimiques utilisés dans l'agriculture sur une surface totale correspondant à 3 % des terres cultivées ? Comment peut-on apprécier un tel concentré de produits chimiques ?

Face à la dangerosité de ces produits, des écoles dans le Bordelais doivent être fermées les jours d'épandage de ces produits.

Ces nouveaux vignerons sont certains en bio, certains en biodynamique, certains en nature, certains en vivant, ils ne sont pas enfermés dans un nouveau cadre mais sont à la recherche de l'équilibre, de l'harmonie et d'une forme de sagesse.

Les cuisiniers qui sont aujourd'hui à la recherche des produits bio, qui parfois ont leur propre potager bio, peuvent difficilement présenter sur leurs cartes des vins conventionnels même si ces étiquettes font encore le jeu des spéculateurs et des pompeux.

D'évidence un vin vivant est plus difficile à faire, les risques sont dans la vigne et lors de son élaboration.

Beaucoup m'objectent que certains de ces vins son imbuvables, ils ont parfois raison mais les vins conventionnels imbuvables sont si nombreux depuis l'après-guerre.

Et puis chacun sait qu'un produit bio ou en biodynamique n'est pas nécessairement bon. C'est une condition loin d'être suffisante.

Heureusement pour atteindre le bon goût, le savoir, la réflexion et le talent sont nécessaires. Mais les vins comme la cuisine permettent à chacun de construire les plus beaux cadeaux de la vie : les Souvenirs.

Enfin pour le plaisir de boire, sachant que moins de 10 % de la population du monde boit du vin en mangeant, j'aimerais demain pouvoir découvrir d'autres boissons, des infusions, des décoctions, imaginant des accords merveilleux avec les thés chinois dont la richesse et la diversité sont d'une complexité et d'un raffinement encore trop méconnus.

Le plaisir de boire ne sera plus celui que certains ont voulu imposer à nos enfants.

Trinquons « à la vie ».

22

Avec les femmes… et les hommes

Devant tellement aux femmes et ayant été élevé uniquement par une mère merveilleuse, et ayant partagé ma vie avec une femme d'exception, je ne peux terminer ce livre sans évoquer les femmes sur ce sujet de l'alimentation. Souvent emporté par la littérature des femmes, de George Sand à Colette, Françoise Sagan et Marguerite Duras, je suis pleinement conscient du grand chemin qu'il reste à parcourir pour que les femmes jouent pleinement leur rôle dans nos sociétés.

Simplement en ayant tenté au sein de l'association des Relais & Châteaux que les salaires hommes-femmes soient les mêmes à responsabilités équivalentes pour les

42 000 collaborateurs dans soixante-deux nationalités, je constate les raideurs sinon les oppositions de certains.

D'Apicius à Vatel, chez les puissants, les princes et les rois, ce sont des hommes qui officiaient en cuisine. Souvent dans un encadrement militaire, ne parle-t-on pas de chef, de sous-chef, de brigade, etc. ? de rigueur, de discipline, de hiérarchie ? un milieu guerrier et spartiate pour nourrir. Quel paradoxe !

Actuellement, ce sont toujours des hommes, devenus des chefs et la cuisine qui ont envahi le monde médiatique : magazines, livres, programmes télévisés permanents, *peopolisation* de ces hommes qui sont devenus des rock stars pour certains, des millionnaires pour d'autres, certains les deux.

Et puis de rares femmes cuisinières célèbres. Pourquoi ?

Pourquoi, alors que depuis la nuit des temps, dans toutes les communautés du monde, ce sont les femmes qui cuisinent ? Non. Ce sont les femmes qui NOURRISSENT. Mais alors. Faut-il que les hommes s'approprient une activité, pour qu'enfin on en parle ?!

Ces femmes dans les endroits les plus reculés et parfois les plus rudes, ont au fil des siècles, avec la nature environnante, en fonction des saisons, des cultures et des élevages possibles, en fonction des conditions climatiques, influencées également par des échanges avec d'autres cultures, des invasions ou des conquêtes, ces femmes ont écrit l'immense livre des cuisines du monde.

Il est l'un des plus beaux patrimoines immatériels de l'humanité sinon le plus vital.

Les femmes ont su comme la Pachamama, magnifier la nourriture terrestre.

Et puis, dans les années d'après guerre, elles se sont heureusement émancipées.

Socialement, économiquement, sexuellement, citoyennement, ce fut un progrès extraordinaire pour tous que d'ailleurs certains voudraient à nouveau remettre en question. Mais avec ce progrès social et cette victoire obtenue, les femmes ont abandonné pour beaucoup d'entre elles les cuisines.

Ce rôle de cuisinier, elles l'ont considéré comme subalterne, dégradant, réservé à l'ancien monde, celui de leurs mères et grands-mères. Cuisiner ne correspondait plus aux nouveaux codes du progrès de la modernité, pas à ceux d'une femme responsable et libérée. Nous pouvons bien évidemment les comprendre, depuis des générations, les hommes ont « collé le ventre des femmes aux éviers ». Il était bien légitime et compréhensible qu'elles veuillent s'en éloigner, comme un symbole.

L'évolution de nos modes de vie après la guerre nous a amenés, hommes et femmes, à déléguer le soin de nous nourrir à l'industrie agroalimentaire, avec pour finalité non pas de nous alimenter mais de vendre toujours plus pour dégager du profit.

Résultat ? Un des plus grands désastres de l'humanité.

Maniant le gras, le sel, le sucre, les texturants chimiques et les arômes de synthèse, ces industriels, enrichissant au passage l'industrie pétrochimique, ont nivelé et uniformisé nos modes alimentaires et notre goût.

Plus grave, ces aliments nous ont rendus malades, ils sont responsables d'obésité, de diabète, de perturbations endocriniennes, d'allergies et intolérances, de tumeurs et de stérilité.

Il est urgent de reprendre nos casseroles et nos fourchettes pour à nouveau cuisiner dans nos appartements et nos maisons.

Il est urgent à nouveau de cuisiner, de reprendre un tablier mais cette fois pas uniquement les femmes mais également les hommes.

Attention messieurs, pas uniquement le samedi soir. Ce rôle de nourrir doit être partagé mais pas comme une tâche, encore moins comme une contrainte mais comme un plaisir, une mission vitale pour soi, pour les autres.

Après la cassure de deux générations, et ayant juste perdu le cahier de recettes des familles, l'école devra évidemment être un relais indispensable pour sensibiliser chacun à bien se nourrir. Cuisiner c'est retrouver sa liberté, retrouver sa souveraineté, sa souveraineté alimentaire pour soi et les siens.

La cuisine faite au quotidien par les femmes et les hommes est une des clés de la transition écologique qui s'impose à nos sociétés. Après avoir été presque des imposteurs dans les cuisines, les hommes doivent rentrer cette fois dans celles des foyers pour partager avec les femmes le plaisir de nourrir en faisant une cuisine éthique et surtout heureuse.

Cette cuisine ferait du bien.

Elle ferait du bien à notre corps, à notre âme, aux autres, les membres de notre famille à nos amis, à nos collègues, aux paysans et aux pêcheurs.

Elle ferait du bien à la planète mais également à notre portefeuille.

Cette cuisine éthique et joyeuse pourrait être inspirée par celle à la fois des stoïciens et des épicuriens qui se sont vraiment interrogés sur la bonne distance que nous pouvons avoir entre nous-mêmes et le monde extérieur pour accéder à son vrai désir. Le plaisir de bien manger ne viendra-t-il pas demain d'une forme de sobriété, retenue, connaissance, respect et partage ? Élevons-nous ensemble pour notre révolution délicieuse.

Pour les Terriens qui aiment le goût de la vie et ceux qui l'ont oublié.

Les droits d'auteur de cet ouvrage sont entièrement reversés à l'ONG Ethic Ocean pour la préservation des ressources halieutiques.

TABLE DES MATIÈRES

Composition et mise en pages
Nord Compo à Villeneuve-d'Ascq

PAPIER À BASE DE
FIBRES CERTIFIÉES

Fayard s'engage pour
l'environnement en réduisant
l'empreinte carbone de ses livres.
Celle de cet exemplaire est de :
1,000 kg éq. CO_2
Rendez-vous sur
www.fayard-durable.fr

75 - 1984 - 8 / 03
Achevé d'imprimer en septembre 2019
par La Nouvelle Imprimerie Laballery (Clamecy, France).
N° d'impression : 909019